FINANCIAL LEADERSHIP

MANAGEMENT ACCOUNTING'S THINKINGS AND TOOLS

第 2 版

财务领导力

——管理会计的思维和工具

张宇 ◎ 著

中国财经出版传媒集团

经济科学出版社
Economic Science Press

图书在版编目（CIP）数据

财务领导力：管理会计的思维和工具/张宇著 . —2 版 .
—北京：经济科学出版社，2017.12
ISBN 978 - 7 - 5141 - 8723 - 6

Ⅰ . ①财…　Ⅱ . ①张…　Ⅲ . ①财务管理　Ⅳ . ①F275

中国版本图书馆 CIP 数据核字（2017）第 291517 号

责任编辑：张　蕾　周国强
责任校对：王苗苗　郑淑艳
责任印制：邱　天

财务领导力
——管理会计的思维和工具
（第 2 版）
张　宇　著
经济科学出版社出版、发行　新华书店经销
社址：北京市海淀区阜成路甲 28 号　邮编：100142
总编部电话：010 - 88191217　发行部电话：010 - 88191522
网址：www. esp. com. cn
电子邮件：esp@ esp. com. cn
天猫网店：经济科学出版社旗舰店
网址：http://jjkxcbs. tmall. com
固安华明印业有限公司印装
710×1000　16 开　11.75 印张　200000 字
2018 年 3 月第 2 版　2018 年 3 月第 1 次印刷
ISBN 978 - 7 - 5141 - 8723 - 6　定价：48.00 元
（图书出现印装问题，本社负责调换。电话：010 - 88191510）
（版权所有　侵权必究　举报电话：010 - 88191586
电子邮箱：dbts@ esp. com. cn）

序　言

　　一个很偶然的机会，我认识了管理会计。它就像一颗钻石：简约而不失深邃，透彻中彰显价值。从此我便迷恋上了它，并决定让它成为我终生的事业。

　　管理会计帮我解答了一个困惑多年的问题：为什么很多企业管理者总是觉得西方的管理理念和方法很有道理，但却又认为这些东西在自己的企业中用不上？

　　我认为根本原因就在于很多企业的管理者没有掌握管理会计的思维和工具，没有利用企业的财务信息去做高质量的经营与投资决策，并有效地规划和控制经营和投资活动。没有定量的，尤其是财务的信息，再先进的管理理念和方法只能沦为企业中短暂的时髦、空洞的说教和新的形式主义。

　　现代管理会计在西方国家已经有超过100年的历史了，是西方企业习以为常的管理实践。美国、日本、德国等国的企业管理者都拥有良好的管理会计素养。中西方企业在管理会计上的巨大反差是很不正常的，也是很不应该的。这其中的主要原因是我国在20世纪90年代才真正开始采用西方的会计制度。我国证券市场的建立和规范促使我们必须重视以外部报告为目的的财务会计，但目前还缺乏一种刚性的力量来促使企业重视以内部管理为目的的管理会计。

好消息是我国财政部发布了《关于全面推进管理会计体系建设的指导意见》，这个指导意见无疑将推动更多的企业开展管理会计实践。最近中央政府提出了"供给侧改革"的经济政策，这个政策的最终目的就是为了推动我国企业进行产业升级和效率提升。在这样的背景下，企业管理者学习并实践管理会计已是势在必行。

令人欣慰的是，不少知名国企和民企已经行动起来了：他们设立管理会计部门，安装管理会计软件，为员工提供系统的管理会计培训。我期待管理会计在我国发扬光大，被越来越多的企业所认识和接受，为增加企业管理者的领导力，进而提升企业的市场竞争力和盈利能力作出更大的贡献。

目录 CONTENTS

第一章

财务，让领导力飞

一、什么是财务

有个老会计每天坐在一张老旧的办公桌后面勤勉地工作。办公桌两边各有一个抽屉。这个老会计会时不时地打开抽屉看一下，有时打开左边抽屉，有时打开右边抽屉，下班时他会把抽屉锁掉后才离开。同事们都很好奇，但是老会计什么都不说。后来老会计要退休了，同事们为他开了个欢送会。欢送会之后，同事们迫不及待地跑到他的办公桌旁，打开这两个抽屉。他们发现左边和右边的抽屉里各贴着一张纸条，每张纸条上各写着两个字：左边写的是"借方"，右边是"贷方"。

这是网络上看到的一个笑话，想借此引出几个问题：

问：企业的财务或会计到底是干什么的？

回答：开票、记账、对账、做账、报税、审计、贷款、管报销、管现金收付，好像就这些吧。

问：企业每天产生的那么多财务信息可以用来干什么？

回答：用来做报表呗！

问：报表给谁看呢？

回答：老板或税务局

问：它对公司管理者能有什么帮助吗？对提升企业竞争力有什么价值吗？

回答：@＃$%^&﹡

制作财务报表和以之为对象的财务审计并不是财务的全部，甚至都不是其中最有价值的部分。高度浓缩的财务报表对投资者决定是否购买或抛出某个股票、对债权人决定是否发放或收回贷款、对政府决定该收多少税款等决策提供了一些信息。但是它对企业管理者决定和规划各种经营活动的价值则非常有限。社会上有个名字很绕口的培训课程，叫做《非财务人士的财务课程》。这个课程的大部分内容都是在跟企业管理者讲所谓的"三大报表"，而事实上，"三大报表"根本就不是企业管理者需要和应该理解和掌握的财务思维和工具。

完整的财务有"一个基座"和"三根支柱"所构成（见图 1 - 1）。"一个基座"就是财务信息，"三根支柱"则分别是财务会计、管理会计和金融投资。

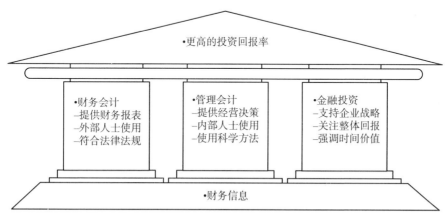

图 1 - 1 完整的财务体系

财务会计的作用在于提供财务报表。它的服务对象主要是企业的外部人士，如股东、银行、供应商等。财务报表要符合法定的规则，以防止企业管理者用财务报表"忽悠"各种利益相关者。管理会计的作用在于向企业管理者提供用于经营决策、计划和控制的财务信息。它讲求事物间的逻辑关系，运用科学的方法，基本不受法定规则的约束。金融投资的作用在于为企业实现其战略目标提供和管理金融性资产。它关注资产的整体回报，而不是具体的经营细节。由于金融投资往往需要在更长远的时间范围（超过 1 年）内考虑问题，因此它需要考虑货币的时间价值。广义的管理会计可以包含金融投资。

虽然财务会计与管理会计都是"会计"，但是它们有着截然不同的思维方式——财务会计是"向后（过去）看"，而管理会计是"向前（未来）看"；财务会计强调计量价值，而管理会计强调创造价值。

过去的事情已不可改变，因此"事后诸葛亮"是不值钱的。过去的事情（如一个企业的成功或失败）再怎么讲得头头是道都很是毫无意义的。未来的事情对我们才是有意义的。由于未来充满变数，因此，准确地预测未来对企业管理者来说是最具挑战性的。因此，做个"事前诸葛亮"才是值钱的。以未来为导向，能够帮助企业提升竞争力和经营业绩的是管理会计，而不是财务会计。

但是，我国绝大多数企业都没有管理会计实践，甚至连很多财务人员都不知道什么是管理会计。这的确是一件令人遗憾的事情。世界上优秀企业中大部分的财会人员是做管理会计，大部分的工作时间用于帮助企业管理者更好地制定决策和进行日常管理。

二、谈谈领导力

领导力一词听上去很酷，目前它基本上指一个组织管理者（特别是高层管理者）的一种职业能力。按照传统管理学的定义，领导（leading）是组织管理者的四大职能之一，其他三个职能分别是计划（planning），组织（organizing）和控制（controlling）。但是在现代管理理论和实践中，领导在这四大职能中显得越来越鹤立鸡群了，甚至独立出来与管理这个概念平起平坐了。杰克·韦尔奇有句名言——"要领导，不要管理"，算是一个佐证吧。

那么如果管理（者）和领导（者）真有什么不同的话，那么他们的区别在哪里？我的理解是：在目的上管理是让下级员工按要求做事；而领导是让下级员工主动、愉快地做事。在行为上，我把管理比喻为"一根链条"；把领导比喻为"阳光普照"。

管理是"一根链条"的内涵是：

- 管理讲层级，一级管一级，很像链条。
- 管理讲命令，员工必须执行。
- 管理讲标准，让员工有束缚的感觉。
- 管理讲惩罚，让员工感觉比较冷。

领导是"阳光普照"的内涵是：

- 领导讲影响，企业一把手可以直接影响一线员工。
- 领导讲授权，让员工自己做主。

- 领导讲方向，让员工看到光明的前途。

- 领导讲激励，让员工感觉温暖。

我们现在谈领导力的时候并不刻意强调两者的区别，它可以泛指管理者的综合能力。但可以肯定的是，通过确立正确的方向，多跟员工直接沟通，主要运用授权和奖励手段来激发员工的自主性和积极性的思想和行为是领导力的真正内涵。

在我们当今的社会和经济环境中，企业管理者的领导力变得越来越重要，这是因为我们的社会与经济环境发生了以下的变化。

- 国家的法律、法规对员工的保护越来越严格，这使得企业惩罚（如罚款或解雇）员工的成本越来越高昂。员工的自主意识也有了很大提高，老板可以炒员工鱿鱼，员工也可以主动炒老板鱿鱼。既然惩罚手段不好使，何不换一种思维和方法？那就是激励员工。

- 服务与高科技行业的比重在不断增加。服务业与制造业的不同之处在于服务业的一线员工与顾客有直接的互动。这种互动意味着一线员工的工作质量和态度会直接影响到顾客的满意度。你不会在乎富士康流水线上的工人是否在微笑；但是你会在乎东方航空班机上的空姐是否在微笑。更要命的是，企业管理者不容易察觉和管理这种影响。因此，在服务行业里更需要员工心情愉快地工作。只有员工笑，顾客才能笑。

- 员工受教育程度越来越高，"高智商"员工越来越多。"高智商"工作更依赖结果控制，而不是过程控制。一个软件工程师坐在那里发呆，你很难判断他到底在想什么，而生产线上的一个工人在发呆则可以基本认定为偷懒。因此，让"高智商"员工自觉地、主动地工作就显得更有现实意义。

- 市场竞争越来越激烈，外部环境的变化越来越快。这就要求企业也必须变得更加身手敏捷。而事事都依赖企业领导者做决定，然后再逐级下达指令的管理手段导致决策缓慢和错失市场良机。让员工发挥主人翁精神，自主地发现问题和解决问题才能使企业更有效地应对外部环境的变化。

因此，企业管理者培养领导力的目的是顺应这个时代的发展规律，提升自己乃至整个企业管理的有效性。需要指出的是，强调层级、命令、标准和惩罚的管理手段并非已经或即将被淘汰。它和领导手段是相辅相成，而不是相互矛盾的关系。中国人有"阴阳"哲学思想,而管理手段和领导手段就是一阴一阳。具体适用哪种手段则要看行业的特点、员工的水平、工作的性质等因素。

总之,有效才是硬道理!

三、财务领导力模型

财务领导力的内涵是什么?我把它归纳为"经营线"、"管理线"和"财务线"的完美结合,简称"三线合一"(见图1-2)。

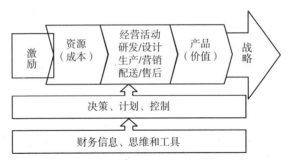

图1-2 财务领导力模型

"经营线"由产品(价值)、经营活动和资源(成本)组成。它们之间的逻辑关系是:

● 企业只有为顾客创造价值,顾客才愿意把钱交给企业。价值的具体表现形式就是企业提供的产品和服务。一个伟大的企业必定有伟大的产品和服务,如苹果的 iPhone、腾讯的微信等。企业领导者不应该沉迷于炒作概念或所谓的资本运作,而是应该沉下心来打磨企业的产品和服务。能不能做出好的产品不仅是个挣钱问题,而且是个尊严问题。企业管理者应该为做不出优秀的产品而感到羞耻。

● 产品和服务是由企业的经营活动所创造。经营活动包括研发、设计、制造、营销、配送和售后服务。优秀的产品和服务必定来自于出众的经营活动。IBM 的研发，Nike 的设计，丰田的制造，可口可乐的营销，京东的物流，海尔的售后服务都是经营活动的典范。企业应该持续地再造和改善自己的经营活动，这样才能不断地提升顾客价值。

● 经营活动则要消耗资源，发生成本。一个优秀企业不仅能够创造出色的价值，而且能够用尽可能少的资源去创造价值，这样才能持续地降低成本，提高竞争力和盈利能力。

"管理线"包含五大活动，它们可以归纳为：战略引领，激励推动，以及决策、计划和控制的支持。

● 战略就是为企业确定正确的方向。决定一个企业能否在未来取得成功的首要因素就是方向。几年前苹果把智能手机当电脑来做，而诺基亚还是把智能手机当电话来做，结果是苹果一飞升天，而诺基亚则坠落深渊。

● 激励是一个组织的力量源泉。秦国从一个居于西部一隅的小国，到最终扫平中原六国，一统华夏，靠的就是比六国更加先进的激励制度。好的激励措施可以使组织成员更团结和更有战斗力，而没有激励措施则组织成员就会变成一盘散沙和乌合之众。

● 决策、计划和控制是管理者的核心技能，也是他们的日常职能。万事都从决策开始，然后才会有过程和结果。而计划和控制则是一个循环。它一方面确保已决定的事情得以实施和完成；另一方面则确保能把以后的事情做得更好，这称为"持续改善"。

"财务线"指的是财务思维、工具和信息。它们是本书的核心内容，之后会有详细的讨论。这里先谈谈它们的概念。

财务信息是单纯的货币衡量，如收入和成本。与定性的和非财务信息相比，它具有以下三个优势：

● 整合优势。财务数字和逻辑关系可以让企业建立各种财务模型，财务报表就是典型的例子。财务信息及模型是唯一能将企业的上下（高、中、基层）之间与左右（营销部、生产部、财务部、人事部等）之间的经营目标和活动整合在一起的手段。它对实现企业目标一致具有不可取代的作用。

● 沟通优势。如果说数学是全人类的共同语言，那么财务数字就是企业的共同语言。由于每个部门都有自己的技术术语和偏好，因此彼此的沟通自然会存在障碍。但是每个部门都会发生成本，产生财务信息，这就为部门之间的沟通提供了一种共同媒介。

● 权衡优势。决策的关键在于权衡每个选项的收益和成本，而财务数字的最大好处就是便于比较，这有利于管理者作出更加客观和合理的决策。

财务思维就是根据所要解决问题的性质来确定所需财务信息的性质和内容。时间维度是区分问题性质的核心因素。前面曾经提到管理会计主要是"向前看"的思维，而财务会计则是"向后看"的思维。"向前看"的思维更注重财务信息的相关性，而"向后看"思维更注重财务信息的可靠性。"向前看"思维还可以分为长期思维和短期思维。长期思维要考虑货币的时间价值，而短期思维则可以不考虑。

财务工具是利用和整合财务信息并体现财务思维的，帮助企业管理者进行决策、计划和控制的财务模型。财务会计的模型是"三大报表"，而管理会计的模型则称为"内部报告"。

在这三根线中，"经营线"是企业的根本，也是最终目的；"管理线"则是对"经营线"的支持；而"财务线"又是对"经营线"和"管理线"的支持。实现"三线"的紧密地结合就是财务领导力的内涵。

四、让我们谈谈成本

收入和成本是两个最重要的财务信息。收入问题比较单纯，这里不作探讨；成本问题则要复杂得多，非常值得深究。成本是管理会计和本书的主角，要理解财务思维和工具则必须先理解成本，所以在这里先谈谈成本的概念。

成本的本质就是资源，企业因消耗资源而产生成本。成本并不像看上去那么简单，而成本的概念也不仅仅是个定义，它们的背后体现着深刻的哲学思想。

我把成本归纳为以下六对，它们是：

● 变动成本/固定成本

● 直接成本/间接成本

- 可控. 成本/不可控成本
- 显性成本/隐形成本
- 承诺成本/酌量成本
- 产品成本/期间成本

（一）变动成本/固定成本

变动成本（Variable Cost）和固定成本（Fixed Cost）是最重要的一对成本。所谓变动成本是指这个成本会随着某个成本动因（Cost Driver）的变化而变化，比如每多生产一件产品，就要多消耗一份原材料，因此原材料成本就是产品的变动成本。所谓固定成本是指这个成本不会随着某个成本动因的变化而变化，比如一个工厂管理者的工资不会随着这个工厂的产量变化而变化，因此工厂管理者的工资就是产品的固定成本。

管理会计假设在相关范围内，单位变动成本保持不变，总变动成本与成本动因成正比关系；总固定成本保持不变，单位固定成本与成本动因成反比关系。这个问题会在以后的"本量利分析"中再作探讨。

当以下四种情况发生变化时，变动成本和固定成本会发生相互转换，这四种情况分别是：

- 成本动因的变化。某个成本对这个成本动因来说是变动成本，但对另一个成本动因来说则是固定成本。比如，培训师的课酬对于听课的学员数量来说是固定成本，也就是说不管听课的学员有多少人，培训师的课酬是不变的。但是对于上课的次数来说，它就成了变动成本，也就是说每上一天课就会发生一天的课酬。因此，在讲变动成本和固定成本时一定要指明是哪个成本动因。最常用的成本动因是产品数量，当没有特指某个成本动因时，一般约定俗成地认为是指产品数量。

- 成本动因数量的变化。当成本动因的数量在一个范围内时，某个成本是固定的，但是当成本动因的数量超过某个范围后，这个成本就成了变动的。比如，一个培训教室最多可以坐30人，那么当学员数量在1~30人之间时都可以用这个教室，在这个范围内租金成本是固定的。但是当学员人数超过30

人后，就要使用更大的教室，租金就会上升，这样它就变成了变动成本。这个范围在管理会计中称为相关范围。

● 时间的变化。时间对成本习性的影响就像它对人的容貌的影响一样。在越短的时间范围内，成本越显示出固定的习性（就像在短期内，容貌的变化是不易察觉的）。在很短的时间内，只有像材料、配件和销售提成等成本是变动的，其他成本都可以看成是固定的。当时间范围越来越长时，成本就越显示出变动的特性（就像时间隔得越长，容貌的变化就越大）。从长期来看，任何成本都是变动的。管理会计一般讨论 1 年范围左右的成本问题，因此，我们可以同时看到这两种成本的存在。

● 决策的变化。有时候企业管理者可以决定某个成本是变动的还是固定的。最典型的例子就是一个企业可以用人工也可以用机器来生产一个产品。如果用人工，它的成本就是变动成本；如果用机器，那么它的成本就是固定成本。

研究成本习性对企业来说是至关重要的。变动成本的本质就是这个成本与某个成本动因存在着因果关系；而固定成本就是与某个成本动因没有因果关系。这种因果关系的研究可以让企业管理者深入洞察成本发生的根本原因，因而可以更好地去管理和降低成本。这点将在"财务与战略"中作更深入的探讨。变动成本是企业管理者做一个决策时要考虑的因素，而固定成本则往往不需要考虑，这点将在"财务与决策"中作更深入的探讨。变动成本和固定成本还决定了企业的经营风险。固定成本在总成本中所占比率越大则经营风险越大，反之则经营风险越小。

有些成本可以比较容易地被识别为变动成本或固定成本，但有些成本则不然，它们具有变动和固定的双重习性，这被称为混合成本（mixed cost）。比如，在一架民航班机上，相对于乘客的数量来说，餐饮的成本是变动成本，机长和空姐的成本是固定成本，而燃油成本则是混合成本。工厂中所发生的电费也是比较典型的混合成本。

我们可以通过日常观察或做实验，把混合成本分解为变动成本和固定成本，所用的数学工具就是线性回归，用 excel 就可以做。将成本区分为变动成本和固定成本对企业决策具有重要意义，因此，企业应该投入一定的时间和金钱来做这方面的研究。

（二）直接/间接成本

所谓直接成本（direct cost）是指这个成本可以容易地追溯到某个成本对象（cost object）。比如，对一个门店来说，这个店的员工、租金、水电费等都是直接成本。所谓间接成本（indirect cost）是指这个成本不容易追溯到某个成本对象，因而只能分摊给成本对象。

跟变动/固定成本一样，我们在谈论直接成本和间接成本时也要特指某个成本对象。成本对象可以是任何消耗成本的事物，如产品（线）、顾客、部门、作业等。在制造型企业中，产品的直接成本是直接材料和直接人工，间接费用包括间接材料、间接人工、水电气、折旧、管理者薪酬等。对一个连锁超市来说，超市内的商品、水电气、员工薪酬、租金等都是直接成本，总部人员的薪酬和广告费就是间接费用。

直接/间接成本主要用于产品的成本核算和定价以及衡量一个分部的盈利能力。分部可以指一种产品、一个部门或一类顾客。合理地定价或准确地衡量盈利能力都需要算清成本。由于直接成本是可追溯给成本对象，因此它是比较容易算清楚的；而间接成本只能分摊给成本对象，那么如何分摊就是个问题。当间接费用非常复杂时，准确地分摊间接费用对管理者来说是个很大的挑战。管理会计的作业成本法就是为了解决这个问题。

（三）可控/不可控成本

所谓（不）可控成本（controllable cost）是指某个特定管理者（不）可以在短期内影响的成本。这个概念主要用于对企业管理者的业绩衡量。激励理论认为应该考核管理者的可控成本，而不应该考核不可控成本，否则管理者就会觉得不公平，因而其积极性会受到负面影响。美国企业的管理者比较在意这个问题，这是因为企业对他们的业绩考核非常严格，而且奖惩力度都很大。

（四）承诺/酌量成本

所谓承诺或沉没成本（committed or sunk cost）是指已经发生或者已经决定要发生的成本。承诺成本是企业在短期内开展经营活动所必须发生的成本。比如，一个企业买了土地、厂房和设备，它们的成本就是承诺或沉没成本。为了能够进行生产，企业还要购买原材料、人工和其他对生产来说必不可少的资源，这些也可以看成是承诺或沉没成本。

所谓酌量成本（discretionary cost）是指还没有做决定或者决定有改变余地的成本。是否发生酌量成本并不影响企业的短期经营，但是它一定会影响企业的长期经营。最典型的酌量成本有四个：研发费用、市场营销费用、培训费用和设备维护费用。酌量成本与承诺成本的区别在于酌量成本不是在短期内必须要发生的成本。换句话说，在短期内不发生酌量成本不会影响企业做生意。这就是为什么企业管理者可以根据情况来决定酌量成本是否发生或发生多少的原因。

当企业管理者出于美化短期利润的目的而削减成本时，酌量成本往往成为他们下刀的首选对象。比如，当经济危机来临时，绝大多数的企业会将尚未发生的培训预算（如果有培训预算的话）全部砍掉，或者将设备维护的时间推迟到下一个财务年度。企业领导者要警惕这种行为，因为靠砍掉酌量成本来增加利润只是一种权宜之计，它并不真正体现企业经营业绩的提升。虽然酌量成本对企业的短期业务没有影响，但是它对企业的长期发展有重大影响。有一家民营制药企业占用研发资金去做其他投资，结果不到 3 年，其制药业务彻底垮掉。

我国很多企业几乎就没有发生过酌量成本。这就导致企业没有专利，产品没有特色以及员工素质低下。他们只能生产低附加值的产品，赚取可怜的加工费，原材料成本或汇率稍有波动就会倒闭。这种状况就是企业领导人当初一味追求低价格、低成本，忽视在酌量成本上进行投入所造成的恶果。

其实酌量成本不仅适用于企业，而且也适用于个人。比如，用于健身、继续教育和扩展人脉关系的费用都属于酌量成本，短期内不发生这些费用不会影响个人的日常生活。但是，如果一个人现在一直不发生这些费用，那么 Ta 的未来前途肯定会很糟糕。

(五) 显性/隐形成本

显性成本 (explicit cost) 又称为会计成本或支出成本,是企业掏出来的真金白银。比如,企业购买原材料,支付员工薪酬和水电气等的成本都是显性成本。隐性成本 (implicit cost) 又称为机会成本,其本身不是传统意义上的成本,相反它是一种收益。有人会觉得奇怪:收益是收益,成本是成本。收益怎么会变为成本呢?这就是决策中的一个重要思维。它可以指以下的两种情况:

一种是指被放弃的收益。决策就是在多个选项中选出最优的选项,而放弃其他的选项。被放弃选项中的最大收益就是这个决策的隐性成本,也称为机会成本。比如,小明拥有一间门面房,他自己用来做生意。由于他不需要支付租金(显性成本),因而他在计算生意的利润时也就没有算上租金。如果他算出自己的生意每年可以赚 12 万元,那么他真的能赚这么多吗?当然不是!虽然他不用付租金,但是这间门面房是有机会成本的——他不做生意的话是可以出租门面房(一个被放弃的选项)以获得租金收益的。因此,假如租金是每年12 万元,那么我们可以说他做这个生意并没有赚任何钱。如果小明是辞了职来做这个生意的,那么他当初打工时(一个被放弃的选项)的收入也是机会成本,也要在决策时加以考虑的。

另一种是投资者承担风险的补偿。未来的一个重要特征就是有风险或不确定。这种风险和不确定必须要有人来承担。一个农民种地可能遇到风调雨顺而获得大丰收,也可能遇到灾害天气而颗粒无收。不管这个农民愿不愿意,他必须承担这个风险。如果这个农民实在不愿意承担这个风险,他可以有两种选择:一是替别人种地,他不管收成好坏都可以拿到工钱。或者他可以花钱去买保险,如果收成不好,保险公司可以赔给他部分或所有损失,这样保险公司就承担了部分或全部风险。谁承担了风险,谁就应该获得回报。经济学认为,承担风险也是一种社会资源,所以对承担风险的补偿本质上也是一种成本。比如,一个投资者投了 100 万元做生意,赚了 12 万元利润,那么这个投资者真的赚钱了吗?不一定!这要看与这个生意的风险相适应的期望回报是多少。如果这个期望回报是 15%（也就是 15 万元），那么他并没有真的赚钱，因为 12 万元没有完全补偿他所承担的风险。

显性/隐性成本对企业领导者正确评价企业的经营业绩具有非常重要的意义。企业领导者不仅要考虑显性成本，还要考虑隐性成本。目前，政府在央企中推行 EVA（经济增加值）考核就体现了这个思想。从财务技术上讲，EVA 就是在会计利润上扣除资本成本。它所表达的意义就是央企占用了国家的资源，而国家才是真正承担风险的主体，因此，将会计利润扣除国家承担风险的成本（也就是资本成本）后剩下的那部分（经济学上称为经济利润）才是央企真正赚到的钱。

（六）产品成本/期间成本

产品成本和期间成本（一般称为期间费用）是财务会计中的概念。产品成本是可以被资本化的成本。当企业花钱购买了商品或生产了产品（耗用了直接材料、直接人工和间接制造费用）时，我们并不认为成本发生了——这些成本只是转化为企业的资产（存货）而已。只有当商品或产品被出售时，我们才认为发生了成本。这好比你花了 50 元买了 10 公斤大米，这时可以认为 50 元成本并没有发生，只是变成大米了。只有当吃了大米时成本才发生。期间成本是不可以被资本化的成本，一旦钱花了就认为成本发生了。比如，你花了 30 元理了个发，付钱之后这个成本就算发生。

产品成本和期间成本的区分是为了符合财务会计中的匹配原则——销售收入与成本的匹配。产品成本与销售收入有直接的关系，产生了销售收入（产品被卖掉）才确定产品成本；而期间成本与销售收入没有直接的关系，所以一旦发生就确认为成本。

五、本书的目的和结构

虽然本书的内容涉及大量的财务概念和计算方法，但是它们并不是晦涩难懂的专业会计问题，而是与企业经营活动密切相关的决策与管理问题。应该说，只要读者具备初中的数学知识和逻辑思维能力，并有一定的企业工作经验就可以看懂本书。企业管理者只需了解这些财务概念和计算方法的作用和价值即可，更具专业性和技巧性的数学建模和计算则是企业中、高级财务人士（称为管理会计师）应该掌握的，这需要进行系统的学习和训练。

本书将从以下四个模块来探讨财务领导力的话题。它们分别是

● 财务与战略。本模块将简要回顾战略的概念和一些经典的战略规划工具。然后将主要讨论财务信息怎样帮助企业管理者将战略方向落实到具体的经营措施，让战略不再是漂浮在空中的"浮云"。

● 财务与决策。本模块将简要回顾决策的概念和过程，以及定性决策的方法。然后将主要讨论财务信息怎样帮助企业管理者进行经营决策（如定价和投资）。

● 财务与管理：本模块将主要讨论全面预算和差异分析这两大财务工具如何帮助企业管理者提升计划和控制能力，并不断改善企业经营水平和盈利能力。

● 财务与激励：本模块将简单回顾经典的激励理论，然后主要讨论企业管理者如何利用责任会计、管理会计报表和转移定价等工具激励员工积极和主动地工作。

第二章

财务与战略

战略和投资就像谈情说爱，而经营则是生儿育女。绝大多数企业领导者更喜欢做前两件事，而不喜欢做第三件事情。

引文：外行谈战略，内行谈后勤

刘邦占据了咸阳城。"好酒及色"的刘领导沉湎于雕梁画栋、美女如云的秦皇宫。他的众将士则分抢府库中的金帛财物。而萧何却带人冲进丞相、御史、太尉等"三公"的官署，把所有的图籍簿册律令文档席卷一空，送到军营中保存起来。这些资料在日后的军事战争和地方治理上都派上了大用场。

鸿门宴之后，项羽把刘邦"发配"到当时地处偏僻，交通闭塞，经济贫穷，文化落后的巴蜀地区。刘邦对项羽的分封方案怒不可遏，马上召集手下开会，准备与项羽拼命。大家都劝刘邦不要轻举妄动，刘邦听不进去。这时就连足智多谋的张良，此刻也束手无策。

最后萧何说话了，并语出惊人。他说巴蜀并没有项羽和刘邦所想象的那么糟糕。以为巴蜀是一片贫穷、闭塞、落后的蛮荒之地完全是陈腐之见。经过秦国百余年的不断移民和李冰父子建造都江堰之后，巴蜀已经成为秦国最富庶的后方，简直就是个大粮仓。巴蜀多年来未曾遭受战乱，而中原地区却经年征战，烽火连绵，赤地千里，早已没有多少财富了。最后，萧何提出了"经营巴蜀，还定三秦，天下可图"的战略方向。

这番话让刘邦好比拨云见日，豁然开朗。

张良在刘邦的眼里是"运筹帷幄，决胜千里"的战略高手，但是说出以上这番高论的却是萧何。

在刘邦与项羽进行军事对抗的大部分时间里，刘邦是屡战屡败。但是，双方的实力却在慢慢的此消彼长。萧何管理的大后方为刘邦源源不断地送来粮草和兵员，而项羽却没有这份幸运。最后兵强马壮的汉军一举消灭了疲弱不堪的楚军。

萧何之所以了不起，不仅在于他能为刘邦指点战略方向，更在于他能为刘邦建立起强大的物质实力基础。军事上有句名言："外行谈战略，内行谈后勤"。谈战略容易，谁没看过《孙子兵法》？能将战略建筑在物质实力之上，并能打造出强大物质实力基础的本事才是最有价值的。

一、企业战略、投资与经营

企业的事情最终可以归纳为三个方面，那就是战略（strategy）、投资（investment）与经营（operation）。这就像一个成年人要做的两件事情：谈情说爱和养育子女。战略和投资就像谈情说爱，而经营则是养育子女。绝大多数企业领导者都喜欢做前两件事情，而不喜欢做第三件事情。

当然，这三个方面的事情对一个企业来说都非常重要，它们是三个有机组成部分，缺一不可。没有战略，企业犹如在黑暗之中摸索；没有投资，则犹如只有死亡而没有新生；而没有经营，则一切都是浮云。

（一）谈谈战略

据说有 100 人就会有 100 种对战略的定义。好像人人都知道战略是什么，但是真的要用一两句话来定义战略还真不容易。当然，战略所包含的一些要素还是可以说清楚的。从战略的性质上讲，我们可以归纳出以下几点：

• 战略是长远的。它肯定不是 1 年时间跨度内的事情，但是到底应该是几年或十几年则很难说。很多年前，海尔的张瑞敏就曾说过，战略就是 3 ~ 5 年的事，因为现在市场变化太快，所以制定时间跨度太长的战略没有意义。因此，他拒绝了麦肯锡为海尔做战略咨询的建议。是啊，谁会花几个亿去做只管几年的战略呢？在人工智能、物联网等技术突飞猛进的今天，企业可能需要每年重新审视它的战略。

• 战略是方向性的。它一般不会涉及企业的具体经营问题，但它也不是完全虚无缥缈的。丰田汽车当初的战略就四个字："减少浪费"，而亚马逊的战略也是四个字："客户体验"。

• 战略是高层制定的。它的确是企业领导者理念、信条或偏好的反映。沃尔玛的"天天低价"战略就跟其创始人山姆·沃尔特节俭得近乎吝啬的性格有关。无独有偶，在德国也有一家叫阿尔迪的连锁超市，据说在创立的早期，商品价格低得让家庭主妇都不好意思说自己去过阿尔迪。其创始人比山姆·沃尔特更加吝啬，据说他被绑票的时候，身上的衣着让绑匪怎么也不相信他就是德国首富。

从战略的内容上讲，美国战略管理大师迈克尔·波特将战略归纳为三个方面：

• 定位（positioning）。这是市场营销中的核心概念，一般企业管理者都知道。这里不再赘述。

• 权衡（tradeoff）。就是"鱼和熊掌不可兼得"的意思。这个世界上没有十全十美的战略或经营模式，有优点自然就会有缺点，企业领导者需要将不同选项的优缺点进行比较，以确定最优的选项。这方面的概念和方法将在"财务与决策"篇中做详细的阐述。

• 配称（fit）。它是指企业的各项职能都要朝着同一方向使劲，同时它们应该协调发展。某个职能投入不够或者掉链子会让其他职能的效率降低，造成资源浪费。如一个汽车企业投资了年生产 10 万辆汽车的产能，但却没有能够建立一支足够强大的销售团队和经销商网络，以至于总是存在大量的闲置产能。应该说配称要比定位和权衡更难把握，但不幸的是它更容易被企业领导者所忽视。这在后文再做探讨。

（二）谈谈投资

这里的投资主要是指企业的长期实物资本投资，而不是金融工具。企业要实现稳定的和长期的业务繁荣必须依靠成功的投资。投资可以有几种分类方法，从目的上讲，它可以分为

• 产生销售收入。这是最主要的投资目的，开厂或开店就属于这类投资。银行用数据挖掘技术为客户提供广告服务也属于这类投资。

• 提高经营效率。用机器替代人工是此类投资中最常见的。以前只是用机械设备替代一线工人。现在人工智能的出现和不断发展将使越来越多的白领员工被替代。

- 提高竞争效果。让产品的功能（如芯片的运算速度）更加强大或运用网站及相关技术使顾客的交易活动更加便利就属于这种类型的投资。

- 法律/法规的要求。用于环保或健康与安全的设施属于这种类型的投资。

企业的投资决策应该与其战略相匹配，这就是配称的原则。我认识一个经营高档服装和家具的老板，他非常希望提升产品的品牌形象。但是，他舍不得在品牌打造上进行投资，却反而将钱投在购买厂房和设备上。最后的结果是专卖店的销售业绩不断下滑，工厂的产能却严重过剩。

我国很多企业老板有"土财主"情结，就知道买地买厂房，就是不愿意在研发、信息技术、人力资源和营销上投入资源。其后果是全行业的产能过剩，产品没有特色，大家都惨淡经营，利润微薄。这是造成我国所谓"实体经济"生存困难的主要原因之一。

其实在西方企业领导者眼里，土地、厂房、设备都不是核心资产；核心技术、品牌、销售通路才是最重要的。可口可乐的某个 CEO 曾经说过，就算所有厂房在一夜之间全部烧毁了也没什么了不起的，因为最值钱的是可口可乐的品牌。目前我国最成功的企业当属华为，它的成功应该归功于对研发的巨大投入。

（三）关注经营

引言中提到过一句军事名言："外行谈战略，内行谈后勤"。这句话用在企业界就是"外行谈战略，内行谈经营"。经营是个沉甸甸的话题，是一个漫长而艰辛的过程。

通俗地讲，经营就是做生意。最早的经营就是个人的耕种、织布和饲养牲畜等；然后就出现了商贾，后来又出现了生产作坊。19 世纪初，美国的贸易商把所有工人集中在一个地方进行生产，这样就出现了具有现代意义的企业。从此以后，企业的经营活动日趋复杂，最终形成了研发、设计、制造、营销、配送和售后服务六大主要环节。

顾客只会购买自己喜欢的，并且价格更低的产品和服务。这些都是靠经营活动来实现的，理论界称之为价值链。优秀的企业领导者都非常重视经营活动，并愿意花时间亲临经营第一线。山姆·沃尔特亲自开飞机为门店选址，并经常去门店与员工沟通；ZARA 的创始人奥尔特加从不坐在办公室里，而是喜欢去生产现场；苹果的乔布斯亲自在新产品发布会上为自己的产品吆喝，并在每次发布会之前通宵达旦地进行准备。当企业出现负面新闻时，有些企业领导人也会亲自出面挽回影响：丰田汽车发生"刹车门"，董事长丰田章男亲自去一些主要国家鞠躬道歉；乔布斯在 iPhone4 发生"天线门"时亲自出来澄清问题。

我国早期的民营企业家在创业时都是亲自抓生产、跑销售的。当企业做大了之后，他们将视线转向战略和投资问题。这本身无可厚非。但问题是企业领导者不应该只热衷于战略和投资活动，而完全脱离经营活动，不应该将所有的时间花在豪华的办公室里，或者花在高尔夫球场上，而是应该花一定的时间亲临经营第一线，与顾客或一线员工沟通，及时了解并解决经营中存在的问题。

（四）产品与服务

产品和服务可以有不同的定义。一种定义是突出两者之间的不同：产品就是有形的商品，如食品、家电、汽车；而服务是无形的商品，如快递、银行、保姆。这是区分制造业和服务业的主要标志。而另一种定义则将两者包容在一起：有形商品和无形商品都可以是一个企业的产品，而服务则看成是有形产品的延伸，如送货、维修等。在互联网行业，企业往往把有形商品（如终端设备）作为无形商品（如支付、游戏、阅读等）的附属品。

先简单谈谈产品和服务的不同之处对于经营活动的影响。

● 产品是有形的，服务是无形的。这会对消费者的购买心理造成不同的影响。无形的东西让人产生不安全感，会让顾客在购买时产生迟疑。因此，服务业的一个经营要点就是尽量的有形化。银行的建筑一定是很气派的，其员工一定是很有形象的，只有这样大家才会放心把钱交给银行。

● 产品可存放，服务不可存放。只要一架民航班机一起飞，上面所有没有卖出去的座位就"烂"掉了。服务业的产品或产能不像有形产品那样可以储存，因此当市场需求与供给之间不平衡时只能用价格的涨跌来进行调节。

● 产品容易标准化，服务的标准化比较困难。标准化是企业质量管理的基础。服务业的大部分操作还得靠手工完成，服务的质量标准不容易设定、衡量和判断。更重要的是，企业管理者很容易忽视这个问题。

● 制造业一线员工生产产品时与顾客没有互动，而服务业一线员工与顾客有大量互动。前文曾提到一线工人有没有面带微笑并不重要，但是航班上的空姐有没有面带微笑则非常重要。因此，服务业在经营过程中要特别强调让员工保持愉快的心情。

传统的营销组合理论有"4P"的说法：Product（产品）、price（价格）、place（地点）、promotion（促销）。有人根据服务业的特点，又加3个"P"：physical evidence（有形化）、process（流程）、person（员工）。

在当前的互联网时代，我们看到产品和服务正在进行不同程度的融合。苹果手机上可以下载各种软件，而且已经推出基于移动终端的支付业务；很多互联网公司则推出硬件产品，建立一种硬件免费而内容收费的商业模式。不过，制造型企业在提供服务时要注意以下两个问题：

● 服务成本一般是固定成本，它可以提高产品的附加值（如果产品价格可以因服务而提高的话），但同时也增加了企业的经营风险，因此企业管理者需要权衡其中的利弊关系。

● 对待服务环节也要像对待制造环节一样的认真，甚至要更认真，其中的道理已经在前面提到了。目前，很多企业在服务的管理，如流程的标准化、员工的培训等方面还有很大的改进空间。

（五）"推系统"与"拉系统"

在经营中采用"推系统"还是"拉系统"是一个非常重要的决策，它需要企业管理者进行非常慎重的权衡。决策的考虑因素自然还是价值和成本这两个因素。

所谓"推系统"就是企业根据销售预测来组织生产，前道工序生产出来的产品依次推给后道工序，一直到最后的成品；然后将成品放入仓库，再推给顾客。而所谓"拉系统"就是企业根据顾客下的订单组织生产，顾客的订单拉最后一道工序；然后后道工序依次拉前道工序，最后拉到供应商那里。

以前绝大多数生产企业都是使用推系统生产，它的好处可以快速向顾客交货，大批量的生产可以降低成本；它的缺点是需要持有一定数量的存货。在产品种类非常单一的情况下，这种生产方式是利大于弊的。当初，福特汽车就是依靠这种策略使它的 T 型车进入千千万万的普通家庭。

随着市场竞争的日趋激烈，企业越来越需要满足顾客个性化的需求，其结果是产品的种类越来越多，存货也就越来越多。企业慢慢发现存货多是一个大问题，它占用了大量场地和资金，更要命的是它会随时间的流逝而贬值。这些被称为存货的持有成本。

在美国企业管理者眼里，存货最多是个管理问题（与对待废品的思想如出一辙），于是他们通过昂贵的 IT 技术和各种数学模型来管理存货。但是在日本企业管理者眼里，存货根本就不该存在（存货和废品都属于浪费）。于是他们则通过改变经营方式来消除存货，最典型的方式就是将推系统改变为拉系统，在此基础上建立和完善了一种极致生产模式——just in time（及时制）。

及时制系统所带来的最大收益不仅仅在于它消除了存货的持有成本，更重要的是，它在消除存货的同时，使原来靠存货来掩盖的问题都暴露出来：质量问题、生产瓶颈问题、协调问题、废品问题、供应商不靠谱问题，然后通过从根本上解决这些问题使得企业的生产力大大提高，质量水平不断向"零缺陷"靠近，生产成本显著下降，最终使企业产生巨大的竞争优势。

（六）约束理论

约束理论认为，任何一个企业系统内总会存在至少一个约束因素（俗称瓶颈），它会限制整个系统的产出。其他的因素被称为非约束因素或非瓶颈。瓶颈管理就是要识别和消除瓶颈，暂时忽略非瓶颈。

瓶颈理论提醒我们：当一个系统存在一个瓶颈因素时，其他非瓶颈因素就没有被有效的利用，因而整个系统就处在"浪费"或"低效"状态。因此，企业必须持续不断地去发现并消除瓶颈，提升系统的投资回报率。

瓶颈管理是个强调短期改善的方法体系。它的目标是追求产出贡献

（throughput contribution）的最大化。它只把直接材料看成变动成本，把直接人工和制造间接费用看成是固定成本。产出贡献就是销售收入减去直接材料。

瓶颈管理有一个被称为"鼓—缓冲—绳子"的管理系统。这个方法的目标是让整个系统能够平稳运行，既不要生产出多余的东西，也不要让整个系统停下来。"鼓"指的就是瓶颈，意思是它控制着整个系统的生产节奏。"绳子"指的是瓶颈环节之前的流程序列，目的就是要防止它们过度生产（瓶颈之后的流程是不可能过度生产的）。"缓冲"是放在瓶颈环节旁的在制品，目的是确保前面流程掉链子的时候，瓶颈环节仍然能够生产。

约束理论有以下五个步骤来不断地识别和消除瓶颈，提升整个系统的绩效：

第一步：识别系统的瓶颈。企业管理者可以用画流程图或者直接在现场观察的方法来找到系统瓶颈。

第二步：决定如何充分利用瓶颈。企业管理者应该先尽量利用瓶颈，比如把机器运转得更快些或者重新部署员工的工作。这些措施不应该发生很大的费用或代价。

第三步：让其他的事情都服从瓶颈的节奏。企业管理者应该调整系统的其他部分，以确保瓶颈在最高的效果和效率下工作。这时，企业的管理者要去评估原来的那个瓶颈是否仍然是瓶颈。如果是，则进入第四步；如果不是，就进入第五步。

第四步：如果原来的那个瓶颈仍然是瓶颈，企业管理者则要采用更加强烈的手段来消除这个瓶颈，如重新设计整个流程或购买新的设备等。

第五步：返回第一步。当原来的瓶颈被消除之后，企业管理者要去识别新的瓶颈。但是，企业管理者要意识到环境会发生变化，原来有效的政策或措施可能会变得不再有效。

二、战略规划的过程与工具

西方企业管理者重视过程和工具的作风在企业战略制定中得到了淋漓尽致的

体现。虽然每个企业都可以用自己的方法体系来制定战略，但是西方教科书上有一个约定俗成的战略规划过程。这个过程大致可以包含以下三个主要步骤——一个从抽象到具体，从定性到定量的逻辑过程。

- 内外部环境分析：评价外部环境的机会和威胁并评价内部环境的优势与劣势。
- 制定总战略：制定公司愿景、使命、战略，以及长期的目标。
- 制定战术计划：制定经营计划和总预算。

在企业战略规划过程中，还有很多像"SWOT 模型""波特五大威胁""产品组合模型""产品生命周期模型"等战略分析工具。这些工具都是 MBA 课程上的必学内容。

战略制定的过程和工具本身并不是什么高深莫测的东西，而是帮助我们整理思路、方便沟通的实用手段。我国企业管理者在制定战略时应该多走走这样的过程，多用用这样的工具。

（一）SWOT 分析

SWOT 分析是战略规划中不可或缺的分析工具。从逻辑上讲，在制定企业战略前先进行外部机会（opportunity）和威胁（threat）与内部强项（strength）和弱项（weakness）的分析的确是理所当然的事，很难想象一个企业不把这些事情搞清楚就可以制定出一个好战略。脍炙人口的《隆中对》一上来就是诸葛亮为刘备分析外部形式势和他的优势和劣势。

在外部环境分析阶段，企业应该从尽量多的方面（见图 2 - 1）进行考虑。虽然不同行业的考虑重点会有所不同，但是像法律/法规、技术、顾客、供应商、竞争者、行业标准以及社会公众等几个方面还是要考虑到的。在每一个方面的分析中还有相对应的步骤，西方人讲求过程的作风可见一斑，我们的企业管理者应该学习这种作风。

在内部环境分析阶段，企业应该评价自己在资源、流程和技能方面（见图 2 - 2）的能力。企业的管理者要做到客观地评估自己企业的能力，并且能确定自己的企业在整个行业中所处的地位。

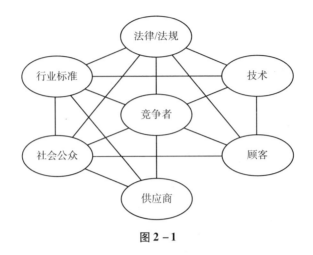

图 2－1

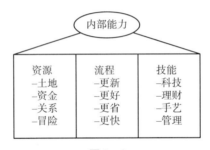

图 2－2

（二）波特五大威胁

战略管理专家迈克尔·波特提出了从五个方面来看待企业所处的竞争环境。它们分别是：

● 现有竞争者。三星和苹果、肯德基和麦当劳就是这样的关系。现有竞争者的威胁程度取决于差异化程度、成本结构、转换成本、退出壁垒等因素。比如，一个行业的差异化程度越高，企业之间的竞争程度就越低。

● 新进入者。互联网金融对传统银行就属于这样的威胁。新进入者的威胁程度主要看进入这个行业的门槛高低。进入行业所需的资源水平（如资金需求）、现存企业所占据的优势（如销售渠道），以及法律/法规的限制是影响门槛高低的主要因素。

● 替代品。所谓替代品是指它们可以满足相同或相似的需求，但又不是一样的产品。几乎所有产品都会有自己的替代品。替代品的威胁程度主要还是取决于两者之间的价值差异和价格差异。在科学技术日新月异的今天，替代品的威胁变得越来越引人注目。很多不可一世行业老大纷纷被替代品干掉——胶卷被数码相机替代，而数码相机很快被智能手机替代。

● 客户。客户的威胁主要取决于客户的数量和实力。我们早就有"客大欺店，店大欺客"的说法。有个做加油机的民企摊上中石油和中石化当顾客，真是生不如死。此外，产品对客户的重要程度、客户的转换成本、价格敏感度、对产品知识的了解程度都是影响其威胁大小的因素。

● 供应商。供应商对企业的威胁丝毫不亚于顾客。有两类供应商的威胁特别突出：一是掌握核心技术的企业，如高通、Google 等；二是垄断自然资源的企业，如垄断铁矿石的力和力拓、巴西河谷等。

"波特五大威胁"从整体上决定了一个行业的竞争程度和盈利能力。当然，不同行业中的企业所面临的主要威胁各不相同，摊上一两个那是很正常的。如果一个行业把这五大威胁都摊上了，那就很糟心了。巴菲特一直不看好美国的民航企业，这可以用波特五大威胁理论来解释：

● 竞争者。美国的民航业是完全开放的，搞几架飞机就可以干；其成本结构中绝大部分是固定成本；作为服务业其产能不能被储存，只能靠价格来调节供需平衡；产品和服务方面很难形成可持续的差异；顾客几乎没有转换成本。

● 替代品。火车和公路系统都是它的有力替代者。现在美国联邦和州政府正在考虑发展高铁项目，这对民航业无异于雪上加霜。

● 客户。乘客本身倒并不怎么强势，但是航班易受天气影响和烦琐的安检措施让乘客非常不爽。

● 供应商。卖飞机的，卖航油的，还有机场，都不是省油的灯！

（三）产品组合模型

产品组合模型是市场营销层面上的战略分析工具。市场营销和金融领域都有组合这个概念，其目的也是一致的，就是减少企业未来现金流的波动，也就是降低经营风险。

　　产品像人一样有生老病死，这个被称为产品的生命周期。一个人生命的前二十年几乎是不挣钱的，需要父母养着；以后才开始逐渐挣钱，通常会越挣越多，最后又只能挣少量的钱（养老金），直到人生的最后一刻。产品也是这样。如果一个企业现在的产品都是要养的，而没有能挣钱的，那么现在的日子会过得很艰难。反过来，如果一个企业现在的产品都是挣钱的，而没有要养的产品，那么现在的日子当然很好过，但是一旦这些产品都变得不挣钱的话，那么企业未来的挣钱能力就没有了。因此，企业手上应该有一些现在被养着，未来能挣钱的产品，也要有一些现在就能挣钱的产品来养家；一旦养家的产品不行了，被养着的产品就可以接上班。这样的话，企业才能获得持久和稳定的盈利。

　　产品组合分析工具多如牛毛，但基本上是换汤不换药。其中最有名的当然要数"波士顿咨询集团模型（BCG）"，原因是它出现得最早，而且模型也最简单。其他模型（如"通用电气模型"）可以看成是 BCG 模型的升级版。

　　BCG 模型（其他模型也差不多）在两个度上衡量一个产品的吸引程度：行业增长和市场占有率。每个度又分为两个水平：高和低，这样就构成了以下的四分图模型（见图 2－3）。如果每个度分为三个水平（高、中、低），那么就构成了九分图模型。

市场占有率

	高	低
高	明星 （保持战略）	问号 （战略不明）
低	现金牛 （收获战略）	狗 （收获或撤出战略）

行业增长

图 2－3

　　其他产品组合模型对 BCG 模型进行了改进。比如通用电气模型（见图

2－4）将"行业增长"这个度改成了"行业吸引力"，将"市场占有率"这个度改成了"业务优势"。在"业务优势"方面，通用电气模型综合考虑了市场地位（如国内市场占有率）和竞争优势（如质量领先）等因素；在行业吸引度方面综合考虑了市场规模、增长率、定价趋势、差异化机会等因素。

业务优势

	高	中	低
高	A	A	B
中	A	B	C
低	B	C	C

行业吸引力

图 2－4

注：A 区域：建立战略；B 区域：持有战略；C 区域：收获或出售战略。

（四）制定总战略

企业总战略是战略规划的具体产品。它包含以下几个内容：

- 愿景。它指的是未来企业到底是什么样的？
- 使命。它指的是企业存在的意义是什么？
- 战略。它指的比愿景和使命更加具体一点的企业发展方向。
- 目标。它指的是体现战略的，具体的和可衡量的东西。

制定公司愿景和使命是制定总战略的第一步，它的目的有两个：

- 统一全体员工的思想。
- 激励员工，让大家更努力的工作。

制定公司愿景和使命是一种"让想象力飞"的工作，但是想象力到底要飞得多高还是有一定讲究的。从理论上讲，愿景和使命不能写得太空泛，否则会让员工感到很困惑；但是又不能写得太具体（不要说自己是做什么产品的），因为这样做一方面缺乏鼓动性；另一方面会局限大家的视野。

一个愿景或使命从时间跨度上说可以管上十几年或几十年。苹果和微软当初都有一个非常相似的愿景，那就是"让每张办公桌上都有一台电脑"。在个人计算机刚出现的时候提出这个愿景是非常激动人心的，这其中的商机和成就感简直无法估量。当然从今天的眼光去看，这个已经是很平常的事了。

制定愿景和使命之后就是制定战略。战略可以理解为企业在今后 3~5 年的发展方向。到战略这个层面上，企业可以用具体和定量的目标来衡量和沟通战略。比如，连锁超市可以用门店数量的目标来表明其扩张战略；消费品公司可以用高端产品销售收入所占比例来表明其提升品牌定位的战略。

一般来说，战略可以归纳为三个层面和四个方向的内容（见图 2–5）。

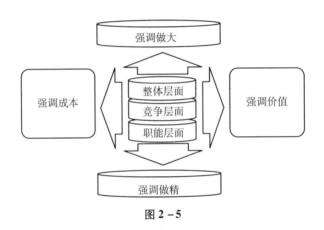

图 2–5

三个层面分别为整体层面（corporate）、竞争层面（competitive）和职能层面（functional）：

• 整体层面：这个层面上的战略主要涉及企业整体资源的布局，比如企业寻求新的商业机会和进行业务重组（国内和国际的）；制定组织的核心价值观，确立核心竞争力；明确进入的行业等。

• 竞争层面：这个层面上的战略主要涉及企业的某个业务进行价值定位，识别目标顾客；确定创造独特价值的方针和流程，并确保它与整体战略的一致性以及与其他业务的协调性。

• 功能层面：将整体战略和竞争战略落实到具体的营销、财务、研发、营运等功能，强调它们之间的协调性。

（摘自美国注册管理会计师〔CMA〕认证考试官方教材）

四个方向分别为强调做大或做精和强调价值或成本。

● 强调做大。要成为行业领导者、跨国公司或世界 500 强就是属于这种战略。我国企业领导者大多喜欢这种战略。

● 强调做精。德国很多中小企业被理论界称为"隐性冠军"。他们家家都有技术绝活，让竞争者望而却步。虽然每个企业的目标细分市场全球加起来也就几亿或十几亿美元的生意，但是这些生意几乎是被一家公司所垄断。

● 强调价值：它也称为差异化战略，强调让顾客偏好自己的产品和服务，并愿意支付较高的价格。这种战略并不忽视成本管理。一般奢侈品都是采用这种战略。

● 强调成本：它也称为成本领先战略，它强调规模经济，严格控制各项开支，对供应商尽量的狠。当然，这种战略会保证一定的质量水平。富士康就是采用这种战略。

制定经营计划是战略的最后一步。这时候的计划将非常具体，并会涉及各种定量目标。其中汇聚各种财务目标和标准的经营预算具有核心地位，这将在"财务与管理"中做详细阐述。

三、战略地图——平衡计分卡

"平衡计分卡"是管理会计大师罗伯特·卡普兰和大卫·诺顿提出来的一种战略性管理思想和工具。这个理论推出后，很多企业趋之若鹜。后来这两位大师还觉得不过瘾，又给平衡计分卡一个更酷的名字——"战略地图"。这让我们不得不佩服美国管理大师的营销能力，他们非常擅长给自己的理论冠名——精益生产、流程再造、最佳实践，等等。话说回来，管理大师哪能不懂营销呢？

不管平衡计分卡也好，战略地图也好，它的思想对企业还是非常有帮助的。对美国的大多数企业管理者来说，这个思想能够改变他们过度重视财务指标（主要是三大财务报表上的数字），忽视更基础的内部经营指标和员工指标的作风；对中国绝大多数企业管理者来说，这个思想似乎有点超前。因为，我们企业管理者非常缺乏衡量财务和非财务指标的意识和技能。这里将简要介绍一下平衡计分卡的思想和工具，财务和非财务的衡量方法将在"财务与管理"部分再做详细阐述。

（一）关键成功因素

西方管理界有句名言："如果你不能衡量它，你就不能管理它。"对于战略也是如此，为了确保它得以实施和实现，它首先应该变为一个或几个可衡量的目标或指标，而且以后企业战略发生了改变，其相应的目标也要发生改变。关键成功因素（key success factor）指的就是具体的，可衡量的，要实现企业战略所必须要达到的主要目标。比如，前几年几乎所有连锁超市的战略重点都是业务扩张，那么它的一个主要目标就是门店的数量；但是在现在乃至未来的一段时间内，连锁超市的战略重点将是盈利门店所占的百分比或电商渠道的营业额占总体营业额的比例。

平衡计分卡（战略地图）的目的是建立一套全面而逻辑的，并能够深入到每个普通员工层面的指标体系。它就好比是一个路径图，能将企业的战略通向每个员工的日常工作。当每个员工都理解了这套指标体系，特别是自己的具体指标，他们就能够知道自己应该怎么做才能帮助企业实现战略目标。

这个工具的核心内容是建立四个层面的指标体系：财务层面、顾客层面、内部流程层面和员工与学习层面（见表 2 - 1）。

表 2 - 1

因素	关键成功因素	举例
财务	市场价值	股票价格
	盈利能力	投资回报率、EVA、利润率
	销售额	销售增长率、新产品销售额
	流动性	现金流、资产周转率

续表

因素	关键成功因素	举例
顾客	市场占有率	目标市场占有率、渗透率
	顾客获得	新顾客数量、新顾客销售额
	顾客满意	顾客抱怨数、顾客满意度调查
	顾客保留	顾客重复购买比率
内部流程	质量	不良率、保修费用
	及时性	交货时间、准时交付率
	生产率	差异分析、资源使用效率
	流程	设置时间、周转时间
	品牌管理	品牌认知度、广告数量
	安全	事故次数、伤亡人数
学习与成长	技能发展	培训时间和人数
	激励和授权	提案次数
	新产品	新专利数、设计改进次数
	员工满意	员工流失率、员工满意度
	团队绩效	跨部门团队数量

资料来源：摘自美国注册管理会计师（CMA）认证考试辅导教材。

（二）BSC 的非财务指标

平衡计分卡的另一个核心要素就是指标之间的因果关系，这个被称为因果关系链（cause-and-effect chain）或目标—手段链（end-mean chain）。财务指标是企业的最终目标，而要实现财务目标就要先实现顾客目标；而要实现顾客目标就要先实现流程目标；最后，要实现流程目标就要先实现学习和成长目标。在这个链中，结果端又被称为滞后指标，而原因端又被称为领先指标或绩效驱动因素。财务指标是本书主要讨论的问题，这里集中谈谈非财务指标的问题。

一个企业几乎所有的收入都来自于自己的顾客，因此，顾客指标对财务指标的驱动力是不言而喻的。顾客指标主要包括以下的几个方面：

- 市场份额。它是一个企业的某类产品或服务的销售收入占整个市场同类产品和服务需求量的百分比。它可以拆分为渗透率、忠诚度、数量选择度和价格选择度这四个组成因素。简单地说，如果一个企业要提高市场份额，它可以吸引尽可能多的顾客买自己的产品和服务，或者尽可能让顾客重复地购买自己的产品和服务，或者尽可能让顾客每次购买更多的产品和服务，或者尽可能让顾客购买更贵的产品和服务。

- 顾客获得。在一个产品和服务的成长阶段，争取新顾客对一个企业来说是至关重要的。前几年的O2O企业和最近的所谓"共享经济"企业都是不计成本的获得顾客。

- 顾客满意。顾客满意应该是企业经营的核心因素，企业应该不断地衡量顾客是否满意。这里面有两个原因：一是因为每个顾客的期望很可能不一样，所以不同的顾客对同一产品和服务会有不同的满意程度；二是不满意的顾客并不一定会投诉，而是另找他家。因此，企业不能想当然地认为顾客是否满意，也不能坐等顾客给你反馈，而是应该主动去了解顾客的满意程度。

- 顾客保留。有种说法是保留一个顾客的成本是获得一个新顾客的成本的1/4或1/5，因此注重顾客保留是一种符合成本—利益原则的战略。对于电信、银行、零售等服务业以及日常消费品行业来说，保留顾客对企业的持续成功具有非常重要的意义。

顾客获得、顾客满意和保留指标的驱动力来自于产品和服务的质量、交付时间以及对顾客诉求的反应速度，而它们都是衡量企业业务流程效率、效果以及适应性的重要指标。业务流程问题将在后文做详细阐述。

内部业务流程指标的驱动力来自于企业全体员工的积极性和主动性以及掌握各种能力的水平。这是平衡计分卡的最后一层，但是按照因果关系链原则，它确是第一件需要做好的事情。关于员工的激励问题将在"财务与激励"篇中作进一步阐述。

四、战略不再是浮云（一）——价值链分析

我非常喜欢迈克尔．波特的这段话："无论企业采用何种战略，都需要透

彻地了解其成本。企业竞争优势有两种基本的类型——低成本和差异化。企业优势或弱势的强度最终取决于其相对成本或者差异化的影响。"

企业的战略再好，如果落不了地就是一纸空文，毫无价值。所谓战略落地就是要让战略构筑在坚实的物质基础之上，而这个物质基础就体现在两个方面：顾客价值和成本。

（一）顾客价值

顾客价值就是顾客愿意掏钱买的产品和服务。优秀的企业都有优秀的产品和服务——从苹果的 iPhone 到腾讯的微信，从迪士尼的主题公园到美国"超级碗"橄榄球赛都是如此。顾客价值可以用绝对的角度看，也可以用相对的角度看。所谓绝对价值就是产品和服务本身对顾客的吸引力，比如大家都喜欢法拉利和 LV。所谓相对价值就是绝对价值扣除价格因素之后的剩余，法拉利和 LV 东西虽好，但还是只有少数人会购买它们，因为它们都很贵。因此，绝对价值可以看成是顾客的收益，而价格则是顾客成本，所谓"性价比"可以理解为相对价值。

顾客价值可以归纳为以下四个方面：

• 功能。它是顾客购买产品和服务的最基本、最核心的理由。比如对一辆汽车来说，它的排气量、驾驶的感受、安全性等就是功能性价值。

• 服务。这个服务指的是附加在产品上的服务，它的作用是减少顾客在购买、安装或使用产品时所花的时间和精力。送货上门和保修就属于这种价值。

• 尊严感。人都好面子，而有些产品和服务能够给顾客带来面子上的价值。奢侈品的价值很大一部分就体现在这里。

• 人际关系。这是一个不太常见，但却非常重要的价值。EMBA、高尔夫球俱乐部就是提供这种价值的地方。

顾客价值是一种主观判断，不同的顾客对同一种产品或服务会有不同的价值感受。顾客的需求点、购买力以及个人偏好都是造成这种现象的原因。而这种现象又是企业进行市场细分和定位的主要依据。

顾客价值和价格（顾客成本）是不可分的，就像财务里面收入和成本是不可分的，也就是说不能只考虑其中一个，而不同时考虑另一个，否则对企业是很危险的。很多企业领导人往往重视成本而忽略价值，而在成本问题上也缺乏长远思维，手段上急功近利。所谓的低成本战略并没有产生持久的竞争优势和令人满意的回报。

（二）价值作业与价值链

顾客价值不是从石头里蹦出来的，它是企业员工一点点创造出来的。创造价值的工作称为价值作业（value activity），将价值作业连起来就是价值链。典型制造业的价值链有六大价值作业组成（见图 2 - 6），它们分别是研发、设计、制造、营销、配送和售后服务。

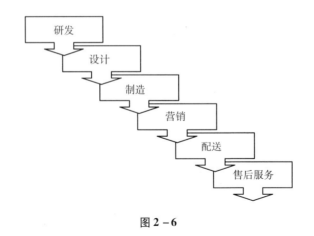

图 2 - 6

这六个价值作业直接形成了顾客价值，反过来说如果没有这些作业就不会有顾客价值。企业的财务、人力资源和一般行政性工作被称为支持性作业，也就是说它们本身不是价值作业。企业的财务、HR 们可能会不同意这种说法：怎么能说我们的工作没有价值呢？否则企业为什么要雇佣我们呢？这的确是个好问题，而回答这个问题还真需要有点哲学思维能力。

我们所说的价值一定指的是顾客愿意掏钱购买的东西。从这个角度上说，财务、HR 和一般行政工作不直接形成产品和服务，因而的确不是价值活动。

企业之所以雇佣他们是因为需要他们解决企业中的某些问题。

我用一个例子来说明：在上海、北京等大城市里都有交通协管员。雇佣交通协管员的原因是因为国人有乱穿马路的习惯，这个坏习惯使得城市的交通状况更加恶化。交通协管员可阻止行人乱穿马路，因而他们的工作看上去是有意义的。但问题是，乱穿马路本来就不应该发生，西方发达国家的行人都不乱穿马路，因而就不需要什么协管员。因此，可以说交通协管员的工作是没有价值的，是一种浪费。为了更好地理解这个理念，让我们再换个角度来看：如果大家都不乱穿马路，那么我们就可以让这些交通协管员去种树或去照顾老人，这样是不是对整个社会更有意义呢？

其上的分析想说明以下几个道理：

- 价值必须由顾客来界定和认可，而不是自己所认为的所谓意义。
- 管理混乱（如乱穿马路）的工作是没有价值的，虽然它表面上看起来有意义。彻底消除混乱才是正确的思维方式和行动方向。这个在后面再做探讨。
- 真正重视一线员工的工作，因为他们才是真正创造价值的人。

（三）内部顾客概念

顾客价值在企业内层层传递，最后交到顾客手中。但是对于企业中的大部分员工来说，他们并不直接与顾客沟通。那么他们怎么来确定顾客到底需要什么？而企业又怎么保证他们的产品或服务是以顾客为导向的呢？

内部顾客的概念和实践解决了这个问题。它首先产生于日本企业的全面质量管理思想（后文再做阐述）。这个思想要求将废品扼杀在萌芽之中，体现在制造过程中就是前道工序产生的废品不要再继续加工，因为再加工也是废品。要做到这一点，后道工序的员工必须在继续加工前检验前道工序的产品，并拒绝前道工序的不合格产品。这样，后道工序的员工就承担了顾客的角色（顾客有权拒绝不合格产品），而前道工序就是供应商。因此，整个企业就形成一条由内部供应商和内部顾客组成的价值链。

现在这个思想已经不仅仅局限于质量管理，企业中的每个员工或部门都应该心里有顾客，都应该去了解自己顾客的需求。从逻辑上讲，企业应该先了解

外部顾客的需求，然后将这种需求沿着内部顾客—内部供应商链向前传递，一直到最前端的员工（如研发或设计人员），然后顾客价值再从最前端向后交付，一直交付给外部顾客。只有每个内部顾客都得到了他们所需要的产品和服务，外部顾客才能得到他们所需要的产品和服务。

这个理念似乎在企业里执行起来并不难，毕竟大家都是一家人嘛！但事实并非如此。每个部门会有自己的利益、偏好和关注点，特别是当每个部门都是责任中心，有自己的绩效指标时，对本部门不利的需求一般会被拒绝。比如，外部顾客希望产品有更多的选择余地，销售部就会跟生产部提这样的要求。但是这样做会提高生产成本，因此生产部会以此为理由而拒绝这个要求。我们称这种现象为次优决策（suboptimal decision），就是说一个决定对某个部门是有利的，但对企业整体未必是有利的。在这种情况下，企业领导者要鼓励各部门管理者以企业整体利益最大化为出发点，部门之间进行沟通和协调，并在绩效考核上做一定的调整，促使他们做出最优（optimal）的决策。让我们从以下这个小案例来理解这个问题。

某超市的仓储部门负责给门店发货。仓储部门的员工将商品堆放在堆板上，然后送到门店；门店的员工再将堆板上的商品放上货架。以前，仓储部门没有考虑门店的需求，堆放商品非常随意。门店的员工要将堆板在各个货架之间拖来拖去，这样就降低了上货的效率。后来超市管理层要求部门之间进行沟通和协调，寻找最优的方法。最后仓储部门在堆放商品时，尽量将在同一货架上陈列的商品放在一块堆板上。这样，门店的员工就不需要将堆板拖来拖去了，节省了人工成本。虽然仓储部门会因此多花人力成本，但是超市的总成本是下降的。

（四）供应链概念

现在几乎没有一个企业会从基础原材料一直做到最终端产品，而且都自产自销。以前有企业试图这样做过，福特汽车就是个典型。它先买下钢铁厂为自己生产钢材，再买下铁矿为钢铁厂提供铁矿石，最后还买下船队来运输铁矿石。这个被称为"垂直整合（vertical integration）"。后来福特汽车老板发现把这么多东西都揽在怀里并不好玩，于是又把它们一个个卖了，专心做汽车。现在的很多企业都想开了，反其道而行之，不是自己擅长的或有没有成本优势的活儿就让别人来做，这个被称为"外包"（outsourcing）。这样，一个终端产品的形成会经过很多企业的价值创造。

供应链的思想其实就是将一个企业的价值链向外延伸，向后与供应商进行链接，向前与客户进行链接，将它们看成是一个完整的整体，而不是人为切割的几个部分。这就好像一条供应链上的企业们问这样一个问题：如果我们是一家，我们会怎么做？因此，供应链又称为"虚拟整合"（virtual integration）。言下之意就是虽然我们不是一家企业，但是我们的价值链应该像一家企业一样。当企业管理者从这个角度看问题时，他们会发现整个供应链存在不少以前没有察觉到的浪费。因此，企业管理者认识到仅仅依靠自己去降低成本和提升价值是远远不够的，必须整个供应链上的企业一起努力，并做出具有双赢效果的协调和安排，才能取得更好的效果。让我们从以下这个案例来理解这个问题。

一家专门生产巧克力原料的企业将液体巧克力凝固成像"板砖"一样大小的巧克力块，然后将巧克力块卖给另一家专门生产巧克力糖果的企业。这家巧克力糖果企业将巧克力块溶化为液体，然后掺入各种坚果，最后凝固成各种小颗的巧克力糖果。如果这两家企业的管理者都只从自己的角度看待各自的流程，那么他们都不会认为自己的流程存在什么问题。但是，如果他们将两家的流程合二为一时，问题就出来了：一家花了时间和成本将巧克力凝固成块，而另一家又去花时间和成本要将巧克力块融化，这种重复操作就是一种浪费。认识到了一个问题，两家就可以坐下来探讨消除这种浪费的可能性和各种方案，以及两家如何分享其中的利益。

一个有供应链意识的企业会在价值链的设计阶段就考虑如何与自己的供应商或客户进行协调，以找到降低成本或提升价值的机会。在 2000 年，当诺基亚决定在北京建立自己的生产基地时，他们就想到要吸引国内外近 20 家主要手机零配件厂商和服务供应商，共同组建完整的手机产业链，以优化配置，提高物流效率，最终使自己的产品更具竞争力。于是，生产手机电池的三洋公司，物流企业英运公司，印刷线路板企业捷斐电公司，还有那个著名的台湾富士康都在诺基亚周围投资建厂。可以想象，这要比诺基亚从日本、德国、台湾

等地区采购手机配件不知道要节约多少成本。

(五) 价值链分析法

价值链分析的目的是将企业战略聚焦在顾客价值和成本这两个核心要素上，通过对企业价值链的再造或改进，提升顾客价值和（或）降低成本，以打造持续的竞争优势。价值链分析并没有一个固定的模式，这里给大家介绍美国管理会计师协会（IMA）提出的一种简捷实用的方法。这个方法分为三个步骤，它们是：

- 内部成本分析
- 内部差异化分析
- 垂直整合分析

内部成本分析就是研究企业整个流程和作业与成本之间的关系。它包括以下几个步骤：

- 识别企业的价值与非价值作业与流程。比如一家宾馆的价值流程包括在前台的 check-in 和 check-out、客房设施、客房清洁、其他客房服务、餐饮服务等。

- 确定与价值和非价值流程相关的所有成本的每一部分。比如，与前台的 check-in 和 check-out 相关的成本是前台大堂的租金、大堂内的设施成本、前台工作人员的薪水、前台 IT 系统成本，以及单据、文具、房卡等成本。

- 识别每个流程的成本动因。成本动因的概念会在后文详细阐述，这里先简单说一下。比如宾馆的租金跟其床位数有因果关系，因此床位数就是租金的成本动因。而每天客房服务的成本（包括清扫、洗涤、水电等）则与入住的客人数有因果关系，因此入住客人数就是客房服务成本的成本动因。

- 识别流程之间的互动关系，即某个作业或流程成本的上升或下降是否会导致其他作业或流程成本的上升或下降。比如在 IT 系统上的投入可以减少人员成本。

- 评估获得相对成本优势的机会，例如是否可以将客房面积缩小。这是内部成本分析的最终目的。

内部差异分析就是研究顾客价值与整个流程和作业之间的关系。它包括以下几个步骤：

● 识别所有的顾客价值以及与每种价值相关的流程。比如宾馆的价值包括客房的舒适性、客房服务的种类和水平、员工的亲切感、设施的完整程度、预定的便利性等。客房的舒适性与客房面积大小、客房清洁度、床的大小和质地、灯光等有相关性。

● 评估企业的差异化战略。企业应该有效地细分市场，并识别出自己的目标顾客。然后企业应该去了解目标顾客的偏好，并以此为依据来制定自己的差异化战略。例如，宾馆的目标顾客可以分类为商务和旅游；然后进一步分类为豪华和经济。追求经济型的商务人员可能会不太在乎房间的大小，但会关注床的舒适性。

● 确定最佳的可持续战略。企业要强化目标顾客所看重的价值，弱化目标顾客不看重的价值。比如，商务经济型酒店的大堂就不大，设施也很简单，这是因为它的目标顾客对大堂的大小和豪华程度并不在意。

垂直整合分析就是将前两个分析统一起来，找到对企业竞争优势最重要或最不重要的流程或作业，评估获得可持续竞争优势的机会。如果某个作业或流程的改变既能降低成本又能提升价值，那么这就是绝好的机会；如果在降低成本的同时也降低了某个价值或者在提升某个价值的同时也提高了成本，企业则需要对这个价值和成本进行更加深入的分析和权衡，以找到更优的营运方案。

（六）价值链分析法的模型

受"质量功能展开图"的启发，我设计了一个"价值链分析展开图"。图的右端为顾客价值端，体现企业的差异化战略；图的左端为成本端，体现企业的成本结构；中间为流程和作业。上端和下端的格子用于体现每个作业与每种顾客价值或每种成本之间的相关性。

图 2－7 的"价值链分析展开图——产品生命周期"展现的是整个产品生命周期的价值链分析。这个图比较宏观，不能够做更加具体的分析。但没有关系，我们可以用相同的道理将其中某个流程继续展开进行分析。

成本端			流程和作业					策略	价值名称
									功能强大
									质量稳定
									多种选择
									交货快速
									售后服务
									品牌形象
									人际关系
									价格低
成本名称	占比	研发	设计	生产	营销	配送	售后		价值端
原材料	%								
直接人工	%								
间接费用	%								
研发费用	%								
设计费用	%								
营销费用	%								
售后费用	%								
管理费用	%								
资本成本	%								

图 2-7　价值链分析展开图——产品生命周期

图 2-8 的"价值链分析展开图——生产作业"将生产阶段的作业进一步展开。这样就能更加具体地分析顾客价值、成本与作业之间的关系。企业根据各种价值对目标顾客的重要性做出提升或维持或减弱的决策；然后再找出每种价值与每种作业之间的相关性。企业也可以先从成本端来识别各种成本的重要程度，并确定必须减少或可以增加的成本，然后再找出每种成本与每种作业之间的相关性。可以帮助企业管理者更直观地分析价值、作业和成本之间的关系，更容易找到获得持续竞争优势的机会和策略。当然，这个图还可以继续展开（如加工的作业和流程），以进行更加细致的分析。

成本名称	占比	原料	加工	检验	设置	维护	存货	策略	价值名称
		☆	☆	—	☆	☆	—	提升	质量稳定
		☆	☆	—	—	△	—	维持	产品功能
		—	△	△	△	△	☆	提升	交货时间
		☆	☆	—	☆	☆	☆	减弱	产品种类
成本端		生产作业						策略	价值名称
成本名称	占比	原料	加工	检验	设置	维护	存货	价值端	
原料成本	20%	☆	—	—	—	—	—		
工人成本	10%	—	☆	△	△	—	△		
折旧成本	5%	—	☆	—	—	—	—		
电费	3%	—	☆	—	△	—	—		
工程师费用	3%	—	△	—	—	☆	—		
管理费用	5%	—	△	☆	△	△	△		
资本成本	5%	△	☆	—	—	—	☆		

图 2 - 8　价值链分析展开图——生产流程

注：☆表示强相关，△表示弱相关，—表示不相关。

（七）案例分析——低成本航空公司

企业拿低价格作为竞争利器并不新鲜，国内满大街都是这样的企业。但是能将低价格模式作出持续竞争力的企业并不多见。原因是低价格必然伴随低成本，而企业既能将成本压到尽可能低，同时又不伤害顾客的核心价值，这是一件不容易做到的事情，需要企业领导者具有超常的创新能力和魄力。魄力可能是天生的，但是能力肯定是可以学习的。

这里用低成本航空公司（简称 LCC，在顾客眼里叫廉价航空公司）的例子，并采用价值链分析展开图（见图 2 - 9）来进一步说明价值链分析的思想和方法。美国西南航空公司是世界上第一家低成本航空公司，目前它在美国航空市场占有领导地位。中国的第一家低成本航空公司则是春秋航空。这里就以这两家为例来展开这个话题。

成本名称	占比	售票	机场接待	飞行	餐饮	飞机/维护	营销	策略	价值名称
		—	—	☆	—	☆	—	维持	安全性
		—	☆	☆	△	☆	—	提高	准点率
		—	△	☆	—	—	—	维持	舒适性
		—	△	△	—	—	—	提高	亲切感
		—	—	—	☆	—	—	减弱	餐饮服务
成本端		**作业**						**策略**	**价值名称**
成本名称	占比	售票	机场接待	飞行	餐饮	飞机/维护	营销	**价值端**	
机场成本	中	—	☆	—	—	☆	—		
乘务人员成本	中	—	—	☆	☆	—	—		
飞机折旧成本	大	—	—	—	△	☆	—		
维护成本	大	—	☆	—	—	☆	—		
售票成本	小	☆	—	—	—	—	—		
餐饮成本	小	—	—	—	☆	—	—		
航油成本	中	—	—	☆	—	△	—		
营销成本	中	—	—	—	—	—	☆		
管理成本	小	△	△	△	△	△	△		

图 2-9　价值链分析展开图-民航班机

我们先从民航服务的顾客价值面来进行分析。它们应该包含以下

- 安全性。安全性是至关重要的,它与飞行和维护作业是强相关。
- 准点率。准点率是顾客重视的价值,它与机场、飞行和维护是强相关。
- 舒适度。舒适度对坐经济舱的人都差不多,主要是座位间的间隔大小。它与飞机是强相关,与机场接待是弱相关。
- 餐饮。餐饮服务对短途顾客来说不太重要。
- 亲切感。顾客还是有点看重亲切感的。它与机场接待和飞行有一定的弱相关。

接下来我们从民航服务的成本面来进行分析(这个先分析也是可以的),它们应该包含以下的方面:

- 机场成本是比较重要的成本,它与机场接待和飞机维护是强相关。它

的成本动因是航班的数量。它在一个相关范围内与顾客数量没有关系，因此顾客越多，单位成本就越低。

- 乘务人员成本是比较重要的成本，它与飞行是强相关，与餐饮有弱相关。它的成本动因是航班的数量。它在一个相关范围内与顾客数量没有关系，因此顾客越多，单位成本就越低。

- 飞机成本是最大的成本。它的成本动因是航班的数量。它在一个相关范围内与顾客数量没有关系，因此顾客越多，单位成本就越低。

- 维护成本仅次于飞机成本。它的成本动因是维护的时间。它在一个相关范围内与顾客数量没有关系，因此顾客越多，单位成本就越低。

- 售票成本。这个要看航空公司通过什么途径售票。如果是自己售票，那么这个成本很低。但是如果是代理售票，这个成本还是蛮高的，它的成本动因是顾客数量，这是典型的变动成本。

- 餐饮成本。这个成本相对比较小，成本动因是顾客数量，是个典型的变动成本。

- 航油。在石油价格不断上升的情况下，这个成本还是相当可观的。它的成本动因是飞行距离。对顾客来说是个混合成本，也就是说飞机上顾客的数量对航油的消耗有一定的关系。

- 营销成本。如果航空公司完全靠自己售票，营销费用会比较高。这对顾客来说也是一个混合成本。

- 管理成本。这也是比较重要的成本，成本动因不好找，是典型的固定成本。

通过以上的成本分析，我们发现绝大部分成本对顾客这个成本动因来说都是固定成本，变动成本比重很小，如果没有机票销售代理成本和餐饮成本，那变动成本更是微乎其微。前文提到固定成本的特性就是顾客数量越多，摊到每个顾客的成本就越低。因此，低成本航空公司的成功关键就是一定要让飞机尽可能地多坐人，每个航班要尽可能地坐满，而且飞机要尽可能地在天上飞。低票价就是基于这个假设上的。

最后，民航企业要将以上的两个分析整合起来考虑，找到可以提升顾客价值或降低成本的机会，并制定出整体经营战略、方针和政策。低成本航空公司基本上都采用了相似的策略，但由于各国国情的不同，各国的航空公司在具体手法上也有一些区别。

使用单一机型几乎是所有低成本航空公司的不二选择。西南航空统一使用波音 737 客机，而春秋航空统一使用空客 A320 客机。这做的好处有以下几点：

- 飞机采购或租赁成本可以更低。而且波音和空客也愿意将飞机改装成单舱位布局和简单装饰。

- 飞机备件和零部件库存更少，减少了管理成本和资金成本。

- 减少了人员成本。同一种机型可以减少飞行人员和维护人员的数量，减少相关的培训费用，提高维护效率。

简化服务几乎也是所有低成本航空公司的选择。客机上不提供餐饮（每人就一瓶水），这样的好处有以下几点：

- 消除了餐饮本身的成本。

- 免去这项服务可以减少乘务人员的数量（从平均 5 ~ 6 人减少到 3 人）。

- 省去食品加热设备的空间可以增添 7 ~ 9 个座位。

- 缩短机舱打扫的时间，可以加快航班的周转次数。

使用二线机场也是很重要的一招。这对于美国西南航空公司有很多机会，因为美国有不少二战后留下的机场；而对中国的春秋航空公司来说却几乎没有什么机会。使用二线机场不仅租金要比一线机场便宜很多，而且航班一般不用排队起飞和下降，这样不仅减少了航班的周转时间，而且大大提高了准点率。

最后一招就是降低管理成本。一般采取低成本战略的公司都有这一招。春秋航空公司由于在其他方面降成本的空间有限，只能加大这方面的力度。管理成本是非价值成本，降低这方面的成本不会伤害顾客价值。降低管理成本的措施包括：

- 压缩管理层级，减少行政人员。春秋航空从 CEO 到一线员工只有 5 个层级。

- 严格控制出差费用。开航空公司的反而要求员工出差尽量坐火车。

- 严格控制办公费用。春秋航空的办公室非常小，冬天不开空调。

让我们再看看以上这些措施对顾客价值有什么影响：

- 安全性：对安全性没有影响。

- 准点率：可以大大提高航班准点率。
- 舒适度：有一定的负面影响，不同的顾客会有不同的感受。
- 餐饮：基本上被省略了。其基本假设是目标顾客不看重这个。
- 亲切感：这个与这些措施都没有关系。乘务员保持微笑不会影响成本。

五、战略不再是浮云（二）——作业管理

作业管理（activity-based management）是与价值链分析相辅相成的思想和方法体系。价值链分析是顾客价值、成本与流程之间在战略层面上整合与协调，而作业管理则是更加具体地研究和改善各项作业，使得各项作业与成本的关系更加明确，帮助企业更好地预测、核算和消除成本。应该说，价值链分析为作业管理提供了战略方向，而作业管理则为价值链分析提供了更多、更具体的相关信息，使企业领导者更具洞察力。

（一）成本管理的四个层次

在日益激烈的市场竞争环境下，企业管理者当然希望能不断地降低成本，但问题是How？有专家祭出"砍成本 N 招"，搞得像斧头帮似的。真正降低成本的方法在于系统性的成本管理，而不仅仅是片面地砍掉某个成本。砍掉某个成本反而会增加更多的其他成本；而增加某个成本却能减少更多的其他成本。

有一个做电动车的民营企业，采购部贪图便宜买来的螺丝螺帽的质量很不好，工人经常要费好大的劲才能拧上去，实在拧不上的只能扔一边。买来的坐垫质量也不好，本来工人只要摁一下就能装上，但现在却要用力摁好几下才能装上。我跟这个企业的老板说，虽然买来的配件便宜了，但实际上工人的效率下降了，成本反而提高了。这个老板跟我说，工人是计件工资，他们干少了就少拿钱。他的话真让我哭笑不得。我跟他说，先不说这样会影响工人的积极性，导致工人流失；工人生产少了其实意味着厂房、设备以及所有其他员工的

效率都下降了。

我国很多企业领导人都缺乏系统性成本管理的意识和能力。最常见的现象是：

● 只知道把钱投入到土地、厂房和设备上，却不愿意在研发、设计、市场调查、IT技术和员工培训上花钱。这导致产品没有吸引力，附加值低。

● 只把眼睛盯在个别成本上（如原材料和人工），而没有意识和能力去降低整体成本。

● 对价格极其敏感，但同时对效率低下却麻木不仁，视而不见。

以美国、德国、日本为代表的西方企业却正好反过来，这是他们竞争能力强的主要原因之一。

企业管理者必须明白一个道理：最终的目的是降低总成本，而不是某一成本。因此，企业管理者必须要用系统的眼光来看待成本。成本是企业消耗资源的体现，降低成本的原动力来自于所有资源的有效利用。这里为大家归纳了四个层次的成本战略。

降低成本的第一个层次在于对顾客价值的准确把握。不考虑顾客价值就对成本动刀无异于自宫行为。这个道理可以从两个方面来理解：第一，企业要准确地了解顾客需求，只给顾客需要的，不给顾客不需求的，这样自然就省成本了。第二，企业需要辩证地看待收入与成本的关系。成本增加了，但收入增加得更多不是很好吗？没有了收入，光谈成本有什么意义呢？看看世界上那些活得很滋润的企业，哪个不是因为创造了顾客追崇的价值？大片《阿凡达》的拍摄花了几个亿，但这在十几亿的票房面前又算得了什么呢？

降低成本的第二个层次在于优化各种资源之间的配置，使每种资源都能充分发挥其效用。如果某个资源被闲置在一边或者使用效率低，那么就算它再便宜也是毫无意义的。中国的农民为什么穷？并不是他们不勤劳，而是中国的土地太少，而农民又太多，这两种资源配置的极度不佳导致了农业生产效率的极其低下。

降低成本的第三个层次是提高效率和减少浪费。我国的低效和浪费现象随处可见，让人痛心疾首。更糟糕的是各种低效和浪费并没有引起大家的足够重视。我国每创造一元钱GDP所消耗的能源是美国的两倍，日本的4倍！日本企业对浪费的理解是最深刻和全面的。后文将单独讨论经典的"七大浪费"。

降低成本的第四个层次是寻求低价格的资源。西南航空公司使用二线机场就是典型的例子。这一点最容易理解，这里就不啰唆了。

（二）成本动因

成本动因（cost driver）是成本管理的核心概念。它是指与某一成本有因果关系的因素。也就是说这个因素发生变化，成本就会发生相应的变化。所谓变动成本和固定成本就是相对于某个成本动因来说的。成本动因可以分为以下四类：

- 数量为基础的成本动因。它是指所消耗资源（如直接材料、人工、水电气）的数量。
- 作业为基础的成本动因。它是指某个经营活动（如设置、机器运转、处理凭证）的数量。
- 结构性成本动因。它是基于公司战略的、长期的因素，如规模、复杂度、技术水平、产品设计等。
- 执行性成本动因。它是基于短期经营的因素，如员工积极性、供应商关系等。

不少成本注定是跟产出数量有关系，但不是所有的成本都这样，否则事情就简单多了。如果某个成本跟产出数量没有关系，那么我们就需要更深入地去理解它为什么要发生。前文提到企业的经营活动或作业产生了顾客价值，而作业又消耗了资产，产生了成本。因此，作业是研究成本动因的绝佳切入点，从作业的角度来分析成本动因，可以打通成本与价值之间的关系。

武侠小说中有一个说法：练武之人只要打通"任""督"二脉，就能练就最厉害的武功。成本—作业—价值之间的因果关系就是企业的"任""督"二脉。企业如果能够打通这个经络，其管理水平就可以达到一个很高的境界。当然，就像要打通"任""督"二脉是很难做到的，要彻底搞清楚成本—作业—价值之间的关系也是很不容易的，这是需要企业管理者不断地去修炼的。当然，企业的管理者未必一定要追求最完美的境界，但是这个过程本身就非常有意义。后文将继续探讨这个问题。

（三）传统成本分摊法

产品成本管理需要建立在一个基础工作之上，那就是将产品制造环节的成本归集到每种产品头上。它有两个重要目的：一是要形成资产负债表中的产品存货价值和损益表中的产品销售成本（当存货被销售之后）；二是为各种经营决策提供相关信息。

传统的成本会计将生产成本分成三类：直接材料、直接人工和间接制造费用（overhead）。直接材料和直接人工跟产品之间的关系是比较容易确定的，因而可以直接追溯（trace）给产品。而直接材料和直接人工之外的其他制造成本与产品的关系就不那么容易确定了，这就是它们被称为间接制造费用的原因。它们只能分摊（allocate）给产品。传统的分摊法是将所有的间接制造费用扔进一个池子（pool）里，然后用一个成本动因（如直接人工小时或直接人工工资或机器小时）将这些间接制造费用分摊给产品。

直接材料、直接人工和分摊的间接制造费用就构成了产品成本。比如，一个企业 1 年的间接制造费用是 500 000 000 元，每年总的直接人工小时是 5 000 000 小时。这样每小时直接人工将摊到 10 元。如果生产一个产品需要一个小时，那么它就会被摊到 10 元。如果这个产品的直接材料是 10 元，1 小时的人工工资是 15 元，那么这个产品的生产成本是 35 元（10 + 15 + 10）。

对于生产品种很少的产品，并且消耗相对简单的资源的企业来说，这种分摊方式可以比较准确地反映产品的真实成本。但是对于现在那些生产很多品种的产品，并且消耗相对复杂资源的企业来说，这种"摊大饼"式的分摊方法会导致产品成本的扭曲，具体地说就是一种产品的成本可能被低估，而另一种产品的成本被高估。而成本的高估或低估会给产品的定价决策和衡量产品的营利性带来很大的困惑。

很显然，不是所有的间接制造费用都跟某个成本动因有因果关系的。比如机器的折旧费用就与直接人工小时没有什么关系，因此，把机器的折旧费用用直接人工小时来分摊就不合理。当企业用直接人工小时来分摊所有制造费用时，一个大量使用人工，而少量使用机器的产品会摊到过多与机器相关的成本，因而导致成本被高估。而一个大量使用机器，而少量使用人工的产品摊到过少与机器相关的成本，因而导致成本给低估。那么，用机器小时来分摊间接费用怎么样呢？结果正好反过来，使用大量人工的产品的成本会被低估，而使用大量机器的产品的成本会被高估。

总之，在多种产品和消耗多种资源的情况下，使用一个成本动因来分摊所有间接制造费用就会导致成本的扭曲。为了解决这个问题，就产生了作业成本法的思想和技术。

（四）作业成本法

作业成本法就是用两种以上的成本动因来分摊间接制造成本，它可以看成是一种两阶段成本分摊法。阶段一就是将有相同成本动因的成本放到一个成本池里；阶段二就是将每个成本池的成本按产品所消耗的成本动因数量分摊给这个（批）产品。

接着上面的那个例子，我们可以将与机器相关的费用，如机器折旧、电费、设备维护等费用归入一个成本池，用机器小时来分摊；将与直接人工相关的费用，如生产主管工资、员工福利等费用归入另一个成本池，用直接人工小时来分摊。这样，作业成本法可以更准确地向不同产品分摊间接制造费用，使每种产品的成本核算更加合理，这样就为企业管理者的定价决策和营利性衡量提供了高质量的信息。

我们可以用以下的这个案例来更好地阐述这个问题。

> Amur 公司生产三种产品：燃料系统、变速系统和电气系统。以下是它的成本信息。
>
> | | 燃料系统 | 变速系统 | 电气系统 |
> | --- | --- | --- | --- |
> | 生产和销售数量 | 10 000 | 20 000 | 30 000 |
> | 标准人工工时数 | 2.0 | 1.5 | 1.0 |

	燃料系统	变速系统	电气系统
标准机器小时数	2.0	4.0	6.0
每单位产品的直接材料（美元）	25.00	36.00	30.00
每单位产品的直接人工（美元）	20	15	10
间接制造费用			
按直接人工工时分摊（美元）		1 200 000	

（摘自美国注册管理会计师 CMA 考题）

我们先只用直接人工小时来分摊间接制造费用，然后再同时使用直接人工小时和机器小时两个成本动因来分摊成本间接制造费用。通过比较这两种方法的结果，我们可以看到成本扭曲的情况。

- 只用直接人工小时。

分摊率 = 4 000 000/（20 000 + 30 000 + 30 000）

   = 50/直接人工小时

燃料系统的成本 = 25 + 20 + 100 = 145（美元）

变速系统的成本 = 36 + 15 + 75 = 126（美元）

电气系统的成本 = 30 + 10 + 50 = 90（美元）

- 同时使用直接人工小时和机器小时。

分摊率（直接人工）= 1 200 000/（20 000 + 30 000 + 30 000）

     = 15/直接人工小时

分摊率（机器小时）= 2 800 000/（20 000 + 80 000 + 180 000）

     = 10/机器小时

燃料系统的成本 = 25 + 20 + 30 + 20 = 95（美元）

变速系统的成本 = 36 + 15 + 22.5 + 40 = 113.5（美元）

电气系统的成本 = 30 + 10 + 15 + 60 = 115（美元）

我们从以上的计算可以发现，在传统的分摊法下，燃料系统的成本被高估了，而电气系统的成本被低估了。

当然，我们可以用更多的成本动因来分摊成本。成本动因越多，成本分摊就越准确，但同时代价也越高，因此企业管理者要权衡利弊，把握恰当的分寸。

一般来说，成本动因可以分为四个主要层次，它们分别是：

● 单位水平的作业。这个水平的成本与产品的数量有因果关系。机器小时与直接人工小时算是一种单位水平的作业。此外，搬运重量、检验次数（按产品数量比例来检验）等也可以作为单位水平的作业。

● 批次水平的作业。这个水平的成本与批次数量有因果关系，一般批次数量本身就是成本动因。可以扔在这个成本池里的间接费用包括设备预热所消耗的电费，换刀具、模具的人工费用，下生产指令的费用，每个批次的投料和混合的费用，以及产品检验（按批次来进行检验）的费用。

● 产品存续作业。这个水平的成本是为了支持某种产品的持续生产。可以扔在这个成本池中的成本包括产品设计费用以及工程调整的费用等。这个成本池比较难找成本动因。一种简单手法就是直接估算一个百分比。比如一个企业有 A、B、C 三种产品，如果 A 是老产品，B 是次新产品，C 是新产品，那么分摊给 A 产品的比率为 10%，分摊给 B 产品的比率是 30%，分摊给 C 产品的比率是 60%。

● 工厂存续作业。这个水平的成本是为了支持整个设施（如工厂）进行运转的费用。可以扔在这个池子里的费用包括环境与安全相关的费用、保安费用、工厂管理费用、厂房折旧等。

由于采用作业成本法很耗费时间和精力，而且对员工素质的要求也比较高，因此只有在成本扭曲的严重程度较高的情况下，企业才有必要采用作业成本法。此外，就算企业管理者决定采用作业成本法，也不要指望一步做到位，应该逐步增加成本池和成本动因的数量。

容易造成成本扭曲的因素包括：

● 既有大批量生产的产品，也有小批量生产的产品。

● 既有新产品，也有老产品。

● 既有标准的产品，也有定制的产品。

● 消耗多种资源，且比例不同。

（五）作业管理

企业就像是一个"杠铃"，顾客价值和成本就是其沉甸甸的两头，而作业就是中间的杆子。一个人要举起杠铃，当然要抓住杆子来发力；而企业要提升顾客价值和降低成本，该抓哪里呢？抓作业！

作业管理可以为企业带来以下的重要利益：

- 精准把握顾客的核心需求，使企业的经营活动更具效果。
- 准确地识别利润更高的产品和服务，使企业的资源得到更有效的利用。
- 不断地消除各种浪费，在不损害顾客价值的前提下降低成本。
- 使企业管理者更具有前瞻性，增强预测能力，提升计划和控制工作的质量。

企业管理者将提升竞争力的着眼点和着力点放在经营作业上是一种脚踏实地的态度。而企业管理者要开展作业管理的实践，则需要做如下的工作：

- 在企业中建立起重视流程，敢于变革，以及持续改善的文化。
- 企业管理者不能老坐在办公室里或者忙于应酬，他们应该多到经营一线去了解顾客需求和生产过程。
- 企业应该重视全体员工的培训，重点培养一些既懂经营，又懂财务的复合型人才。
- 企业应该注重在日常经营过程中收集信息，并适当采用 IT 技术来收集、整理、分析这些信息。

（六）精益生产中的"七大浪费"

作业管理的核心目标是消除非增值作业（nonvalue-added activity）或浪费。那么什么是非增值作业或浪费呢？这里简单介绍一下"精益生产（lean production）"中的"七大浪费"的思想。

日本是一个资源极度缺乏的国家，因此日本企业对浪费特别的敏感，而且对此有最严格的定义。二战之后，日本企业为了提升竞争力，将减少浪费看成是企业的核心战略，丰田汽车是其中的典型。所谓精益生产就是将浪费减少到最低程度的管理哲学。根据日本企业几十年的实践，理论界归纳出"七大浪费"。它们分别是：

● 等待。常见的等待现象有：物料供应或前道工序能力不足造成待料；监视设备作业造成员工作业停顿；设备故障造成生产停滞；质量问题造成停工；型号切换造成生产停顿。造成等待的常见原因有：流水线能力不平衡；各种计划不合理；设备缺乏维护；物料供应时间波动大等。

● 搬运。搬运不仅不能创造价值，而且搬运过程中的放置、堆积、移动、整理等作业造成空间、时间、人力和工具等浪费。造成搬运的常见原因有：工厂布局不合理；每台设备功能单一导致产品必须在多台设备间移动；因错发货导致的更换等。

● 不良品。前文曾经提到不良品会导致材料、设备效率、人工、能源、价格，以及订单和商誉的各种损失。

● 不合理的动作。不合理的动作会增加员工作业强度，使员工更易疲劳，因而降低生产效率。常见的浪费动作有：两手或单手空闲、动作幅度过大、左右手交换、步行多、转身角度大、移动中变换动作、伸背动作、弯腰动作以及其他不必要动作。

● 不必要的加工。常见的加工浪费有：加工操作空间过大导致的空间浪费；加工余量过大导致的物料浪费；加工后的修补（如成型后去毛头）导致的人工浪费等。

● 库存。企业内常见的库存形态有原材料、零部件、辅助材料、半成品、在制品、成品、在途品等。与库存相关的成本被称为持有成本（carrying cost）。它包括场地、管理、搬运等费用，占用资金成本，以及因变质、破损、过时而导致的损失。库存会掩盖不良品、供应商不可靠等诸多问题，难怪日本专家称为"万恶之源"。

● 过度生产：制造过多或过早都会造成库存，并有可能导致本该履行的订单无法按时完成，造成缺货损失。造成过度生产的原因有：销售预测不准确、非瓶颈工序的盲目生产、管理层虚增利润等。

还有一个值得一提的非价值作业就是设置（setup），它包括设备预热而产生的电费，更换刀具、模具和设置参数所产生的人工成本。以前企业的产品品种比较单一，生产线的设备做一次设置就可以大批量生产，这个作业所产生的成本可分摊在很多产品上，因此变得微不足道。但是，现在很多企业的产品品种非常多，每种产品都只生产一点点，这个被称为"小批量、多品种"生产。在这种情况下，生产线要进行多次设置，每次设置的成本只能分摊在不多的产品上，这样设置的成本就变得不可忽视了。

第三章

财务与决策

一个企业之所以现在过得很好（或很糟）是因为它之前做了正确（或错误）的决定，而将来是否过得很好（或很糟）则要看现在是否做了正确（或错误）的决定。

引文："火攻"与"风向"

　　以下内容摘自《三国演义》"火烧赤壁"中的三段脍炙人口的故事。

　　片断一：周瑜向诸葛亮请教打败曹操的计策。诸葛亮很低调，他说您周都督运筹帷幄，想必是成竹在胸。周瑜很得意，说我有一计，不知可否，请先生为我一决。诸葛亮突然高调地说，您先别说出来，我们将破敌之策写在各自的手上，看看是否所见相同。周瑜同意了。等两人写好后摊开手一看，都哈哈大笑——两个人的手上都写了一个"火"字。

　　片断二：曹操看到战船用铁索连在一起，果然平稳如陆地，将士不再有晕船之苦，心里很高兴。但是他的谋士过来提醒曹操要防东吴的火攻。曹操觉得这是对他智商的极大侮辱，便没好气地说了他的道理：火攻需要借助风势，现在正值隆冬，刮的是西北风，没有东南风，如果东吴用火攻，只会烧他自己。这么浅显的道理自己怎么会不知道。曹操的谋士顿时无语。

　　片断三：周瑜某天在江边巡查，突然口吐鲜血，昏倒在地。诸葛亮来看他，并给他开了个"药方"——欲破曹公，宜用火攻，万事俱备，只欠东风。周瑜一下子从床上蹦了起来，恳请诸葛亮一定要帮他搞定东南风问题。诸葛亮忽悠他说，他可以"借"三天东南风，帮东吴火攻曹操。最后的结果就不用说了。

如果不考虑风向，火攻只是个想法或者理念，而不是决策。周瑜犯的错误就是他把想法或理念当成了决策，后来他才意识到这个问题。曹操不仅想到了火攻，而且考虑到了风向问题，所以曹操所做的是一个决策（他的确决定将战船连起来了）。但是曹操在风向问题上想当然了。他老家黄河流域冬天没有东南风，但长江流域未必就没有啊。由于他在考虑因素上做了错误的假设，因此他的决策也错了。

　　最厉害的当然是诸葛亮，他不仅知道火攻和风向问题，最重要的是他有预知风向的能力（应该没有人会以为诸葛亮真的会借风吧）。正是他准确的风向预测使东吴的火攻之计得以实施。

一、什么是决策

（一）认识决策

虽然我们每天都在做决策，但是我们对它并不了解。决策的本质是什么？它有既定的过程吗？为什么有时候做决策的感觉让人很不爽呢？

决策的本质就好比是一个"火车头"，它后面拖着两节车厢，分别是"行动"和"结果"。万事总是先有决策，然后才有行动和结果。一个人或企业之所以现在过得很好（或很糟）是因为他/她之前做了正确（或错误）的决定，而将来是否能过得很好（或很糟）则要看现在是否做了正确（或错误）的决定。华为现在为什么要专利有专利，要市场有市场，要利润有利润？那是因为当其他中国企业在强调低成本制造时，在炒作时髦的概念（互联网思维算一个）时，在收购海外垃圾资产时，华为却始终坚持在研发上的高投入和对产品质量的极致追求。

我们往往混淆了想法与决策的本质区别。想法是没有承诺感的，它是写在沙滩上的字，海水一冲就没了。而决策是一种承诺，它是刻在岩石上的字，不会轻易消失。真正的决策是一定是要付诸实施，并产生结果的，否则只能称之为想法。你想嫁给你的爱豆，那是想法，因为你没有行动；而某杨姓女子要嫁刘德华，那是决策，因为人家真有行动。

因此，当我们要减肥，要提高英语水平，或要考 CMA（美国注册管理会计师）证书时；当企业领导人要质量更好，要成本更低时，请先搞清楚这是想法还是决定。

那么想法如何才能变成一个决定呢？我认为首先要把想法与考虑因素和相关信息相结合。现在的企业领导人都很好学，上了 EMBA 或各种总裁班，聆听了很多管理大师的谆谆教诲，学了不少先进的理念，因而对自己企业的发展方向也很有想法。但是他们经常纳闷：为什么我天天向我的员工灌输这么好的理念和想法，但就是得不到落实呢？然后，他们要么认为这些理念都是忽悠，并不适合自己的企业；要么认为自己的员工执行力不行。然后，他们再去上很多执行力的班，最后认为执行力也是忽悠。

其实，哈佛或麻省的教授们所传播的管理理念都不是他们在办公室里凭空想出来的，这些理念都来自于一些优秀企业的成功实践，教授们将这些实践总结为理论上的东西。比如精益生产的思想就来自于以丰田汽车为代表的日本企业的实践，麻省的教授把他变成了书。

每个企业的情况是不同的，因而在很多情况下，这些理念并不能被企业直接拿来用。但这不是事情的结束，而是事情的开始。如果一个企业领导人真的要提升组织的竞争力，他们就要把这些理念先变成一个个具体的决策。这就要求企业领导人考虑自己企业中的各种因素，并收集自己企业的信息去评价这些因素。

以下的这个案例可以说明这个问题：

"顾客永远是对的"或"顾客是上帝"等口号属于理念，到企业中，它应该变成一个决策："我愿意花多少钱去留住一个顾客？"美国的零售企业对待顾客真的像上帝那样。有个移民美国的朋友告诉我一件事情：她去一家百货商场购买了一盒口红，回家之后发现少了两支口红。过几天，她再去那家百货商场找营业员反映此事。结果负责接待的营业员的举动让她大吃一惊：营业员二话没说，抓起一把口红塞给了我的朋友。

我们可能会很感慨，但同时又撇撇嘴说，这不适合我们的国情！问题是这种做法适不适合我们国情并不重要，这本是人家的决策，人家这样做自有道理。重要的是我们的企业能否制定出既符合顾客满意的理念，同时又适合自身情况的决策？是否知道作这个决策要考虑哪些因素？是否知道如何收集和分析相关的信息？

这位营业员之所以能有这样的举动，原因当然是这家百货商场的管理层对处理此类顾客投诉做出了具体的决定。有谁认为这是因为美国管理者的道德水平高，或者很弱智才做出这样的决策呢？至少我不这样认为。真正的原因是美国的管理者在做过数据分析后认为，这样做比不这样做能让公司挣更多的钱！

美国有一家经营奶制品的超市老板曾经算过这样一笔账：他的顾客平均每周（1年算50周）来店里采购一次，平均每次采购100美元，每个顾客平均在社区中生活10年，超市中产品的平均毛利是30%。算下一个顾客10年里给这家超市带来多少利润？"顾客永远是对的"这句经典之言就是这位老板说的。

下面的表3-1可以对以上的论述作个总结。

表3-1

层次	火烧赤壁	零售业
理念	火攻	要让顾客满意
考虑因素	风向问题	让顾客满意的收益和成本
信息的收集、分析和判断	最近会有东南风	某种举措的利益会大于成本
决策	发动火攻	实施让顾客满意的举措

（二）重视决策

企业领导们在做决策的时候更像故事中的谁：周瑜、曹操还是诸葛亮？毋庸讳言，像周瑜或曹操所犯的这种错误在我们的领导人身上是很常见的。究其原因，无非有两条（不包含腐败问题）：

• 不重视决策的重要性，不愿花金钱和时间于决策工作。

• 本身对决策的认知很模糊，缺乏决策的能力。

我们的组织领导人呢，不管是政府的还是企业的，是国企的还是民企的，做决策草率一直是被大家所诟病的问题。近一段时间，很多企业老板拿着大把大把的钱投资电影，但是拍出来的电影几乎都是"烂片"，几千万或几个亿的投入，换来的是几十万或几百万的票房，亏损严重。

与之合作的导演们吐槽说，这些投资商们很不懂电影这一行，却偏要指手画脚；他们不看市场，不看剧本，只问演员是谁。演员和档期他们统统要说了算。好莱坞投资一部电影一般要两三年才能定下来，从剧本和市场的角度去做各种论证，我们这里不到两小时就能搞定。

很多年过去了，以上的这个现象消失了吗？没有！

投资者或领导们不重视决策过程的心态各有不同。有些决策者可能觉得这是一种敢冒风险的表现，把事情的前前后后都想明白了再去做不像个"纯爷们"。有些则是决策者自己不用承担错误决策的后果，因而敢盲目地做决策。

这里有必要先澄清一个很重要，但是容易混淆的概念，那就是"正确地做决策"和"决策的结果是正确的"之间的区别。正确地做决策是指决策的过程和方法是科学的，态度是严谨的，并且符合正常的商业判断。决策的过程和方法在后文中将做具体介绍。所谓严谨的态度是指决策者收集了足够的信息，尽量去考虑各种因素，而且不作想当然的假设。所谓正常的商业判断是指一个受过良好教育、智商正常、有一定社会经验的成年人应该会做出的判断。拿上面这个例子来说，投资者不做市场调查，不看剧本，肯定是不谨慎的。这些投资人没有行业经验，又不听导演的，当然不能做出正常的商业判断。

而决策的结果是正确的是指事后的结果达到了预期的目标。正确的决策并不一定得到期望的结果，而错误的决策也不一定结果就糟糕。这就像一个基金经理做了大量的研究工作，但是选的股票还是下跌了；而一个新股民随随便便地选了一个股票却涨停板了。这是因为决策是针对未来的事情，而未来注定会有不确定的或决策者所不能控制的因素。因此，虽然决策者考虑了各种因素，但是不可控因素没有按预想的发生而导致决策的结果没有达到预期。

可能大家会觉得花了很大的精力去做决策，最后的结果还是有可能错的，而不花什么精力去做决策，最后的结果也有可能对的。因此，做决策看上去很像一个"撞大运"的活儿，因而也就没必要在这上面多花精力了。

这种想法是错误的，也是很有害的。否则，我们真的要相信"白痴也能做领导"这句话了。一个上市公司的股东是不会允许公司董事会和管理层草率地做决策的。按照正确的过程制定决策是非常有必要的。理由有两个：

● 从长远来说，正确的决策过程使结果达到预期的概率更大。如果只从一次选股的决策来看，基金经理和一般股民看不出水平的差别，但是如果从10次、100次乃至1 000次的选股决策来看，基金经理选对股票的次数将远远高于一般股民。

● 正确的决策过程是决策者进行学习的良好机会。由于事先考虑了各种因素，并收集和分析了大量的信息，因此不管结果最终如何，决策者都能检验当初所做的假设，以获得宝贵的经验或教训，这样以后做出正确决策的机会就会更大。而没有正确过程的决策则使决策者赢得莫名其妙，输得稀里糊涂。就像上面提到的投资者，除了知道了拍电影不好玩之外，他们不会从失败中学到任何东西，永远不可能从外行慢慢变成内行。

（三）决策与信息

形成理念，确定考虑因素，以及收集和分析信息这三件事情上哪个最难做好呢？应该说做好第三件事是最难的。因为，前两件事情都可以从书上找到，只有第三件事情必须依靠长期地观察、研究和实践才能获得。陆游有句名言："纸上得来终觉浅，绝知此事要躬行。"

火攻和风向问题在《孙子兵法》的"火攻"篇中就有具体的描述。因此，像周瑜、曹操以及一般的谋士都会知道。干这行的谁不看看《孙子兵法》呢？但是长江上大冬天的有没有东南风，什么情况下会刮东南风，要作准确的判断是很不容易的。这也是我们崇拜诸葛亮的原因。

《三国演义》中诸葛亮放了好几次火，为什么唯独赤壁大战的这把火产生了风向的问题？原因就是其他的火都是在陆地上放的。陆地上放火一般不需要提前好几天就预知风向，只要在需要放火的那个时候根据当时的风向，跑到上风头去放火就行了。但是赤壁大战在长江上进行，东吴只能从东南面防火，而且时间又值冬季，这就必须要求预知有没有东南风，什么时候会刮东南风。因此，这个决策的难度就大大地提高了。

诸葛亮肯定是长期观察过长江上的气候变化，并发现了一些规律，因而他可以比较可靠地做出近期有没有东南风，何时才有东南风的准确判断，这才让周瑜的火攻决策得以成功地实施。

那么企业管理者们有没有研究过自己企业的信息，并发现一些规律以帮助自己的老板或自己更好地制定决策呢？

在进一步讨论这个问题前，先将信息做个简单的分类。组织的信息可以分为定性信息和定量信息，而定量信息可以进一步分为非财务信息和财务信息

（如图 3 - 1 所示）。

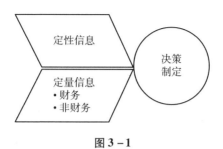

图 3 - 1

所谓定性信息是不能用数字来衡量的信息，如颜色、偏好或法律条文等。非财务信息是指可以用数量来衡量，但是不用钱来衡量的信息，如废品率、设备效率、员工流失率、顾客满意度、安全事故次数等。而财务信息就是用钱来衡量的信息。两大财务信息就是收入和成本。本书主要谈论财务信息对领导力的作用，也会少量谈论非财务信息，因为非财务信息与财务信息之间存在因果关系。本书基本不讨论定性信息。

西方国家的企业非常重视使用定量信息来支持决策，而我们的企业在这方面的意识要薄弱很多。欧洲一个顶级足球俱乐部的球队踢一场正式比赛可以得到几万个数据供球队的专家进行研究，而中国足球队还在用看比赛录像的方法来分析比赛。美国和日本的企业非常重视对员工进行统计技能的培训；经营部门的管理者非常依赖管理会计师所提供的财务信息进行日常经营决策。而我国的企业管理者基本没有受过统计方面的培训，绝大部分会计只能做做记账和报税的初级工作，对经营部门基本提供不了有价值的财务信息。

信息是什么？信息是金矿！金矿如果扔在路上就是垃圾，但是如果提炼它就能得到金子——对决策有价值的规律。近年来，数据挖掘（data mining）这个技术非常热。它就是要在每天所产生的海量数据中挖出点什么值钱的东西。沃尔玛公司对 6 个国家的 2 900 家门店产生的销售数据进行挖掘，有 3 500 家左右的供应商利用沃尔玛的平台进行数据分析，每年要发生近 100 万次的询问。

一个比较经典的案例就是一个大卖场的管理者发现纸尿裤的销量和啤酒的

销量有很强的相关性，而且周三和周六的日销量最高。于是他们就去调查为什么会这样，结果他们发现购买纸尿裤的顾客一般都是奶爸，他们买了纸尿裤之后就会顺便带几瓶（罐）啤酒回家。根据这个发现，大卖场的管理者做出了决策：将一些啤酒陈列在纸尿裤旁；周三和周六这两个产品不打折。

我们的企业领导者应该真正重视信息对决策的作用，这主要表现在要舍得在获得信息方面投入资源。企业领导者要改变思维方式，不能只知道买地、买楼、买设备，然后搞得整个行业产能过剩，大家都生不如死。应该在外部市场调查和建立内部信息系统上也进行投入，这样才能为消费者提供更好的产品和服务，提高经营效率，降低成本。

沃尔玛的已故创始人山姆·沃尔特是个非常节俭的人，他创立的沃尔玛是以低价战略来获得市场竞争力。他在降低营运成本方面是"抠"得出名的。比如，所有管理者（包括 CEO）的办公室跟仓库没啥区别；出差只能坐经济舱。但是有一件事情例外：随着沃尔玛门店的逐渐增加，并遍及美国的每个角落，及时掌握每个门店的存货信息变得越来越困难。这时沃尔玛的 CEO 建议山姆·沃尔特花几千万美元租用卫星来传递门店的存货信息，"抠门"的山姆竟然同意了。由此可见，他不愧是一个伟大的企业领导者。

当然，企业领导者在建立信息系统的决策上也不能只谈理念，而不考虑各种因素以及收集和分析相关的信息。社会上一直有关于企业上 ERP 系统的争议，一个著名的调侃就是"上 ERP 是找死，不上 ERP 是等死"。其实问题不在于 ERP 本身，而在于企业自身，主要有三个方面：

• 企业领导人在上不上 ERP 的决策上犯了赶时髦的毛病，并没有考虑 ERP 系统到底能为企业带来哪些利益，就算考虑了也是定性的分析，而不是定量的，特别是财务方面的分析。

• 企业管理者和普通员工进行定量分析的意识非常薄弱，严重缺乏各种相应的技能。

• 绝大部分的企业没有做管理会计的实践，他们根本不知道如何收集和分析财务数据来支持经营决策。

在这种情况下，ERP 就像一个不知道该生产什么产品的机器，成为摆设自然也就不足为奇了。

二、决策的过程和工具

（一）决策的过程

前文提到决策是行动和结果的开始，因此我们每时每刻都在进行决策。决策不是拍拍脑袋就可以完成的活儿，它应该是一个过程。当然很多时候我们并没有意识到有决策过程的存在，原因主要有两个：

● 有些行动和结果本身就微不足道（如打个酱油什么的），因而其决策也就微不足道。这时候，整个决策过程会在我们的脑海中一闪而过。

● 有些事情虽然不算小（如上班的那些事儿），但都是每天要做的，因而其决策早已做好并形成"程序"植入我们的脑子里了。这个在学术上称为"自动导航"（auto pilot）。这种现象很常见，很多时候这种状态也是可以接受的。但是我们要对之保持警惕。因为我们当初所考虑的因素有可能会发生变化，因而使以前正确的决策在现在或将来变得不再正确。因此，每隔一段时间须将之前习以为常的事情做一下重新思考，并做出相应的决策调整是非常有必要的。后文谈到的零基预算就是这种思想的体现。

当决策比较重要时，走一遍决策过程是完全有必要的。本章简要介绍了一般决策过程的步骤，重点将放在讨论财务决策的制定。图 3 - 2 是一般决策过程的步骤。

从图 3 - 2 中我们可以看到，决策过程是一个循环。这说明了决策是可以不断地改进和提高的过程。上文曾经说过为什么要在决策中尽量考虑各种因素，并收集和分析相关信息。其目的就是为了可以事后检验当初假设的正确性，有利于提高以后的决策水平。

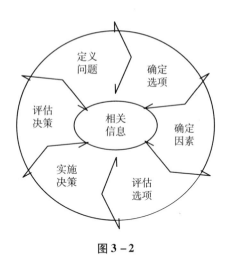

图 3-2

从图 3-2 中我们还能看到，实施决策也在决策过程之内。这体现了决策-行动-结果的关系，并成为构成完整循环的一个组成部分。但是，我们在谈决策过程时并不涉及这个内容，因为实施决策的过程和内容千差万别，而且非常复杂，所以一般作为单独的话题进行讨论。

本文将简要介绍第一步（定义问题）和第二步（确定选项），重点描述第三步（确定因素）和第四步（评价选项），而且将突出如何考虑和评价财务因素。

（二）定义问题

决策过程的第一步是定义问题。虽然它不是决策本身，但是做决策的目的就是为了解决问题，以获得所预期的结果，因此它也就成为决策过程的第一步。那么，到底什么是问题呢？

中文的"问题"有两个意思：一个相当于英文中的 Question，指的是对一个事物的疑问；另一个相当于英文中的 Problem，指的是一种让人不爽的状态。这里讲的定义问题指的是后一种情况。那么到底什么情况会让我们感到不爽或是存在问题，因而促使我们要进行决策呢？

理论上认为，当一个人所处的状态没有达到他/她所期望的状态时，这就是问题。这就是为什么很多时候我们身处同一状态，有些人觉得这是问题，而另外一些人不觉是问题——大家的期望不一样。一般来说，只有当一个人有问题的时候，才会有做点什么事情的想法。但是前面也提到了，有想法未必就一定会有决策和行动。这个世界上到处都是对自己现状不满的人，包括薪水、婚姻、体重、外语水平等，但是能真正行动起来去改变自己现状的人确很少。这个话题很复杂，本书不作讨论。

定义问题是为了搞清楚问题的根源在哪里，以便做出更有针对性的对策。它就像医生诊断病情，目的是为了能够找到病因，做到药到病除。定义问题在很多时候并不是一件容易的事情，原因在于我们能够看到的问题（也叫"现象"）并不是问题本身（也叫"根源"）。就像一个人发高烧仅仅是个现象，而其根源可能是感冒，也可能是肺炎或其他什么炎症。

消除现象我们称为治标，消除根源我们称之为治本。通常的道理应该标本兼治，但是人性上的弱点让我们更愿意治标，而不愿意治本。原因很简单，治标易且快，治本难且慢，因此我们周围治标不治本的事情比比皆是，诸如治理交通拥堵、治理房价居高不下，等等。

定义问题有几个工具可以使用。说到工具，容我先谈谈这个事情。西方人喜欢使用工具，而我们则不喜欢使用工具。以前有个叫欧倍德的德国大卖场（其中国业务已被百安居收购），在其门店的最好位置陈列了好多工具，结果门可罗雀。德国人纳了闷儿了：为什么中国人不像德国人那样喜欢工具呢？他们也不问问中国人有多少年不在自己家里打家具了！还是宜家更懂中国消费者，在欧美市场上他们不提供上门安装的服务，但是在中国提供，知道中国人不喜欢自己动手，也不善于用工具。

不过这里谈的工具不是手工劳动的工具，而是管理者使用的工具，因而也称为管理工具。我们的企业管理者同样不喜欢用管理工具。我也说不清楚的是什么原因，估计是咱们从小训练心算，所以遇到什么问题，只要眼一闭，脑子里就可以进行盘算，不需要借助什么工具。而西方人从小就不好好学心算，因此个位数加减都要用计算器，所以长大后思考点什么问题，不借助点工具就没法弄。

管理工具可以帮助管理者直观和系统地分析问题，而且让问题的沟通变动更

71

加容易和有效。因此，使用管理工具是我们的管理者应该要学会的一个技能。

在定义问题的工具中，我比较喜欢的是鱼骨图，这是一个日本质量管理专家首先提出来的。其他还有树状图什么的，原理都差不多。

图 3 – 3 就是鱼骨图。

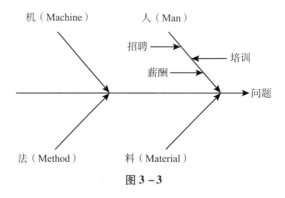

图 3 – 3

这个工具主要用于质量问题的分析，当然它也可以用于其他管理问题的分析。鱼骨图将问题的根源分为四个主要方面：人、机、料、法（简称 4M）。从这四个方面都还可以进一步往下分析。比如，在人的方面还可以分为招聘、培训和薪酬等几个方面。然后还可以再继续往下分析。这个被称为 "5 Why（为什么）" 法，也就是不断地追问为什么，直到找到最根本的问题。

（三）确定选项

当找到了问题的根源，接下来就要采取行动来解决问题。所谓决策必须要有至少两个选项。如果只有一个选项就称不上是决策，而是被逼无奈。最起码的两个选项就是做还是不做，但是如果一个人或企业所作的决策都是做还是不做则太用心了。"做" 应该还可以分为这样做或那样做或……。作决策一定要尽量多找选项，选项越多，决策就越从容。企业决策者比较容易犯的一个错误就是在没有找到足够多的选项前就匆忙地作决定。

确定选项的方法有很多，大致可以分为创意型的（如脑力激荡、联想法等）和实干型的（如罗列法、试错法等）。

脑力激荡（brain storming）是创意型中最有名，也是最常用的一种方法。它做起来非常简单：几个人或十几个人坐在一起，就某个话题提出自己的想法，而不管这个想法有多么的不靠谱。有个主持人将大家的想法写下来，供以后做进一步的探讨。做脑力激荡的一个重要原则就是不能批评别人的想法。企业领导者可以经常组织员工进行脑力激荡的活动，这对活跃员工思维和提升团队凝聚力非常有帮助。

实干型中的试错法（trial-and-error）也叫爱迪生法（就是那个美国大发明家爱迪生）。爱迪生在我国的知名度很高，而且挺受人尊敬。几年前，娃哈哈推出的婴儿奶粉就叫"爱迪生"，其内涵不言自明。其实，绝大多数中国人并不完全了解爱迪生，这主要是因为我们在谈论爱迪生时，总会出于某种目的而无意或有意地漏掉了一些"信息"。比如我们都知道他是发明家，但是很多人不知道他还是企业家（他是通用电气的创始人）；我们都知道他的一句名言："成功来自99%的汗水和1%的灵感"，但是我们很多人不知道，其实他还说了一句："有时候1%的灵感比99%的汗水更重要"。

爱迪生学历不高，但是他非常勤奋，并极具商业头脑（这点可以跟当今微软的比尔·盖茨和苹果的乔布斯相媲美）。他一生发明无数，但由于他的理论功底比较差，因此他的发明都是"傻干"出来的。比如他在发明电灯泡时因没有能力从基本原理上找到合适的材质和配方，于是只能一个个地试过来，不成功就换一个，直到成功为止。这就是我们所知的他做了几千多次实验才发明电灯泡的原因。

试错法是看上去挺傻，但其实它也是一种科学而实用的方法，目前这种方法仍然被广泛采用。袁隆平早期研究杂交水稻就是用的这个方法。企业管理者在作决策时可以采用这种方法，它既可以是"纸上谈兵"，也可以是小范围试验，只要成本可以接受。

（四）确定因素

确定因素这个问题在本章引文的故事中就提到了。可以这么说，这一步是整个决策过程中对技能要求最高，最消耗精力，也是企业决策者最容易犯错误的步骤。

当一个企业领导者决策失误时，我们最常听到的解释就是："嗨！我没想到这个"。是的，没有考虑某个重要因素是企业领导者最容易犯的错误之一。故事中的周瑜和曹操都是犯了这个错误。周瑜的没想到让他吐了血；曹操的没想到让他在赤壁大战中惨败，自己差点做了关羽的俘虏。有的企业领导者的一个"没想到"让企业损失了几个亿的银子。"没想到"真的很危险！

企业领导者在做重大决策时，只要没有利益冲突，只要本着谨慎和专业的态度，要避免掉进"没想到"的"陷阱"并不是一件困难的事情。自己有没想到的地方，别人可以帮你想到。自己的企业没有能力想到，可以找外部更专业的组织帮你想到。古今中外有所成就的领导者自己未必多有能耐，但几乎都有一个共同的优点——能听别人所想到的。"兼听则明"这句中国古训常常被人有意无意地遗忘。

而西方国家的组织在做重大决策时都要听别人的，这是习惯，更是规则。美国财务会计准则委员会（简称FASB）在制定会计准则时必须要走一个应询程序，这个应询程序由10个步骤组成：

（1）确立准则立项，并列入FASB委员会的议事日程。

（2）由一个来自各部门的专家小组界定准则制定所涉及的问题、检查事项并考虑选择方案。

（3）FASB的技术人员对该准则项目进行研究和分析。

（4）FASB撰写并签发一个关于讨论的备忘录。

（5）在经过充分的通知之后举行一个公开听证会（备忘录发布之后60天后举行）。

（6）FASB委员会分析和评估公众的反馈。

（7）FASB在详细分析该准则项目之后撰写并签发一个征求意见稿。

（8）在征求意见稿公布后30天或更长时间之后，FASB委员会评估收到的所有反馈。

（9）由一个委员会根据公众对征求意见稿的反馈来评估FASB的立场，并在必要时修改征求意见稿。

（10）FASB委员会考虑签发最终的草案，并就是否签发会计准则公告进行投票。

资料来源：美国注册管理会计师（CMA）认证考试辅导教材。

企业领导者做决策前如果能参考以上的步骤去做，要犯"没想到"的错误都难。

前文曾提到考虑因素可以分为定性和定量，定量因素又可以分为非财务与财务。作为一个以盈利为目标的企业来说，应该尽量用财务因素来做决策。因为定性因素比较主观，不容易作比较；而用钱进行比较就客观和容易多了。但是，要把定性因素变成定量因素，把非财因素变成财务因素是件很有技术性，因而要花很多精力去研究的事情。但是正是这件事最能体现了一个管理者的决策水平，也最能体现一个企业的专业程度。

（五）评估选项

当考虑的因素被罗列出来之后，决策者就要对每一项因素进行分析和判断，以评估每个选项的利弊得失，这时候，定性因素的缺陷就显现出来了，那就是不能进行客观的比较。定性因素再谈得头头是道（就像 MBA 课程上的案例讨论），最终也是公说公有理，婆说婆有理，无法形成一个明确的结论。因此，企业管理者老是进行定性因素的讨论对制定一个高水平的决策是远远不够。

这时财务因素的优势就体现出来了。每个因素都可以用收益或成本来衡量，然后把收益减去成本而得到净收益。净收益最大的那个选项自然就应该被选择。

当然，如果决策者只能用定性因素来评估选项时，也并非完全不能做比较。有一个常用技术可以用来处理这个问题，那就是给每个因素一个分数和权重。分数的意义无须解释，它可以是 5 分制或 10 分制。权重是指这个因素的重要程度或发生的可能性。它可以是绝对权重，就像分数一样用 5 分制或 10 分制；也可以是百分比权重，所有因素的权重加起来等于 100%。掌握了这个方法，我们就可以比较定性因素的选项了。

一般具有以下的条件的决策比较适合采用定性分析。

- 考虑的因素的确难以量化为财务数字（如个人偏好），或进行量化的成本很高。

- 选项的比较不需要太精确，主观的量化可以接受。
- 决策的行动不涉及大量的现金收益和成本。

定性评价可以用于企业战略规划、员工绩效评价、企业风险评估、顾客满意度评估等地方。

尽管定性分析有它便利的一面，但是企业管理者还是要尽量利用财务因素来进行分析。一般来说企业的任何事情都可以量化为财务问题，无非就是难易程度不同而已。企业的最终目的还是为了财务利益，因而做任何一件事都是希望这件事所能带来的收益能大于所发生的成本。企业领导者也知道要搞研发，要打造品牌，要提升产品和服务的质量，要降低成本，要减少员工流失率，要减少污染等，但是他们在考虑是否要采取行动或采取哪种行动时总是担心所做的事情会得不偿失，但是又没有能力做出财务上的判断，因而迟迟不能作决策，最后坐失良机，导致日子越过越艰难。

在刚刚改革开放时，能做出口生意的企业算是有本事的企业，而现在能做内销才算本事。我的一名学员曾经告诉我这样一件事：她所服务的企业和一个竞争对手以前都是做外销的，前几年这个竞争对手开始从外销转向内销。刚开始时由于在很多地方（如建立销售渠道）需要现金投入，因此经营得险象环生。但是挺过来之后，现在的日子好过了。现在他们的销售额跟我们的差不多，但是他们的利润却是我们的 5 倍！我问这位学员为什么她的老板不做内销呢？她无奈地说，他的老板怕在经营上把握不住，因而不敢做这个决定。

其实，有很多靠做外贸订单赚取微薄之利的企业想转型，国家也在鼓励大家转型。最近几年又有很多企业在纠结要不要向互联网方向转型，开展线上业务。但是这些转型的决策绝不是靠讲讲大道理就能实现的。这需要企业管理者能够比较准确地分析和判断业务转型后所发生的成本和各种经营活动所产生的收益，并做出正确的决策。很显然，很多这样的企业老板以及管理者不具备这种能力，因此转型也就停留在想法或理念阶段了。

（六）质量成本概念

在本书的后面会向大家重点介绍很多财务分析和决策的方法及工具，这里先介绍一个将非财务因素转变成财务因素的例子。

企业的所有问题可以归纳为两个问题：质量问题和成本问题。这里先简单讨论一下质量问题。

以前，美国管理者与日本管理者在质量观上有本质的区别。美国人认为废品是不可避免的，但是可以控制在一个可接受的范围内；将废品率降低到零的努力是不符合成本－利益原则（得不偿失的意思）的。美国企业的成本核算中有正常废品和非正常废品的概念，就是这种思想的一个反映。正因为美国人抱着这种思想，所以他们的质量管理措施主要体现在运用统计方法和产品检验来控制废品的发生并避免已产生的废品流入顾客的手中。

日本人则认为，废品是完全可以避免的，将废品率降低到零的努力是值得的，废品率越低，成本也越低。因此，日本人的质量管理是一个非常全面的体系，它包含了以下的这些要素：

● 顾客满意。把顾客的需求作为企业战略的驱动力，持续地衡量顾客的满意度。

● 领导承诺。张瑞敏曾经让员工手持大锤砸了有缺陷的冰箱（在当时也是可以卖出去的），就是体现了这个原则。

● 全员参与。丰田的一线工人如果发现有缺陷的产品，就有权力让整个生产线停下来。

● 持续改进。持续地降低废品率，像沙漠一样地往前进，虽然缓慢，但不可阻挡。

● 系统性分析。强调预防和消除过程中的波动，找到产生废品的根本原因。

● 激励员工。运用多种手段激励员工，包括奖励、表扬、采纳建议等方式。

● 教育训练。改变员工的思维和企业文化，培养员工的各种技能。

当美国人的汽车企业被日本人的汽车企业打得满地找牙时候，美国人不得不承认日本人是对的。目前，零缺陷理念已经被理论界广泛接受。但是在我国，只有极少数优秀企业接受"零缺陷"的质量观，不少企业都还抱着美国人以前的质量观，还有不少企业根本就没有质量观。很多企业的领导人还在对自己百分之几的废品率沾沾自喜，殊不知这是一个非常糟糕的结果。

表3－2中的数字可以让我们的企业领导人做个对照。

表 3 – 2

废品率	评价
百万分之几	卓越
十万分之几	优秀
万分之几	良好
千分之几	平庸
百分之几	糟糕
十分之几	无语

如果企业领导人还在怀疑"零缺陷"思想是否符合中国国情，或者虽然想采取某个措施来降低废品率，但又担心是不是会增加成本，那么我们可以把质量问题变成一个财务问题，帮他们来考虑和判断是否应该采取某个措施。以下的表 3 – 3 描述了这种方法和工具，供企业的领导者作参考。

表 3 – 3

分类	因素	成本减少（成本增加）
预防成本	培训员工	
	采购较好的原料	
	改进机器的保养	
	提高设计水平	
评估成本	原料检测	
	产品检测	
	质量审计	
	数据统计成本	
内部缺陷	材料返工损失	
	产品返工损失	
	材料报废损失	
	产品报废损失	

续表

分类	因素	成本减少（成本增加）
外部缺陷	销售损失	
	保修损失	
	退货损失	
	其他无形损失	

　　企业的管理者可以根据以上表格中的考虑因素去评估采取一项降低废品率的措施会增加哪些成本，同时又会减少哪些成本，然后进行得失的判断。比如，一个企业在员工培训上多花了10万元，同时产品返工、报废和保修损失降低了15万元，那么培训员工这个事就是值得做的。只有这样做，企业领导人就不会老是因无法判断得失而犹豫不决了。当然，一个企业要做好以上的分析是需要一定技术能力的，这还需要企业注重在平时收集此类相关的成本信息并进行分析，设立合理的假设并不断地修正。企业领导人应该确保企业有一定数量的高素质员工有能力做这个事情（在美国被称为策略性工作），为自己的决策提供支持。

　　将看似非财务的问题转化为财务问题的决策还有以下这些：

- 减少一线工人流失率的决策。
- 降低安全事故次数的决策。
- 降低顾客流失率的决策，等等。

三、财务信息之决策分析

　　当我们用财务因素进行决策时，事情看上去就显得简单多了。因为只要我们将做一件事情的收益和成本都计算出来，然后将两者做比较就可以了。如果收益大于成本就是值得做的，反之就是不值得做的。但是计算做一件事情的收益和成本还是挺有技术性的，我们首先要懂一个非常重要的概念——财务信息的相关性。

(一) 财务信息的相关性

先从以下的一个小案例来谈谈这个问题：

假如你花了 300 元钱买了一张演唱会的票，但是那天你不巧感冒发烧了。这时候你很挣扎：是去看电影呢？还是在家休息，让这张票作废呢？

请问：你在做这个决定的时候要不要把 300 元钱考虑进去？（停留一分钟思考一下）

我在做培训和讲座时喜欢问学员这个问题。大部分学员说要考虑，小部分学员说不要考虑。但是，不管说要考虑的，还是说不要考虑的，能把理由说对的人非常少。以下是一些典型的回答：

- 要考虑的，我每月才挣 3 000 元，300 元对我来说是好大的一笔费用哦！
- 不要考虑，因为身体更重要啊！

答案是不用考虑。理由是 300 元是在过去花掉的钱，属于沉没成本，与去不去看演唱会的决策没有关系。我再换个角度来解释这个问题：如果选择去看演唱会，那么收益是看了演唱会，得到了快感，代价是可能病得更严重了。如果选择不去看演唱会，那么收益是身体得到了休息，代价是没有看到演唱会。你瞧，不管去不去都没 300 元什么事吧。你去看演唱会，300 元是没了，不去看演唱会，300 元也是没了。不管去不去，300 元都是没了，所以就不用考虑了。

可能还是有人想不通这个道理：明明花了 300 元，怎么就不考虑了呢？这里大家需要理解的一个道理是：一个要素是否要被考虑，必须看它是针对哪个决策来说了。让我们将时间倒流，回到买这张票的时候。这时候，所做的决定是买还是不买这张票，买的话所得是演唱会，所失是花了 300 元，如果不买的话，所得是保留了 300 元，所失是没有看到演唱会。在买还是不买这个决策中，300 元是相关因素。心疼钱的话，请在买的时候心疼。等票买好了，这个决策已做，那 300 元就沉没了，成为历史了，在以后的决策中就不要再考虑了。

一个财务信息是否要在一个决策中加以考虑称为财务信息的相关性（relevance）。需要考虑则称为相关，不需要考虑则称为不相关。一个相关的财务信息必须符合两个条件：

- 这个因素必须是未来的，而不是过去的，因为决策一定是未来的，"事后诸葛亮"是没有意义的。
- 这个因素在不同的选项中是不同的，如果相同，那么有没有它都对决策没有影响。

在决策中考虑过去的财务因素是地球人都会犯的错误。比较典型的例子是：一个人投资了 1 000 万元，后来发现投资亏了，于是再追加 1 000 万元投资。问他为什么这样做，理由是把前面的 1 000 万元 "救" 回来。产生这种想法的原因要么是出于无知，要么出于不愿意承认之前的决策是错误的。西方国家的企业非常警惕这种想法，因而常常向他们的管理者灌输财务因素相关性的思想，我们的企业也应该这样做。

（二）信息相关性在决策中的应用

了解财务信息的相关性概念是非常有意义的，它可以让决策者在面对大量财务信息时迅速找到需要考虑的因素，排除不需要考虑的因素，这样就可以大大简化决策过程，避免决策错误。

以下将讨论在五种类型的决策下如何进行财务分析，这五种决策分别是：

- 某个特殊订单的定价决策。
- 某项业务是外包还是自己做的决策。
- 某种产品是继续加工还是直接卖掉的决策。
- 某个分部是继续经营还是关闭的决策。
- 某种资源不足时，如何安排生产的决策。

这五种决策都是企业最常见的经营决策。企业领导者要确保自己的员工有能力做这样的决策。

（三）特殊订单的定价决策

所谓特殊订单就是企业接到的一次性的，且数量比较大的订单。客户在下这种订单时通常不会考虑供应商的正常市场价格，而是会有较大幅度的砍价。这个时候，企业就要想好自己的成本底线在哪里，这样谈起来才能胸有成竹。

那么哪些成本信息是企业需要考虑的呢？这要分两种情况来讨论：一是企业有过剩产能；二是企业满负荷生产。

● 产能过剩：这个时候企业有多余产能满足这个订单，而不用挤占其他订单的生产。在这种情况下，只有变动成本才是相关成本，固定成本不要考虑。产能过剩时没有机会成本，所以特殊订单的价格底线就是所有变动成本之和。

● 满负荷生产：这个时候企业的现有产能不能满足这个订单，一定要满足的话只能采取两种措施，一是临时增加产能；二是挤占其他订单。这样的话，变动成本要考虑，固定成本不考虑。如要新增产能，那么与此相关的固定成本需要考虑；如果挤占其他订单，那么其他订单的收益（就是机会成本）要考虑。因此，总的价格底线就是总的变动成本加上新增产能的成本和（或）挤占其他订单所产生的机会成本。

以下让我们看一个案例，学习一下如何进行此类的决策分析。

G公司的工厂现阶段正在满负荷运行。他每年用25 000小时的机器时间来制造一种名叫XR-2000的产品。有一天，L公司找到G公司，要求定1 000个名叫KT-6500的部件。L公司本来不是G公司的客户，以前他自己制造这种部件。但是由于最近工厂失火，L公司不得不向其他企业购买这种部件。因此，这是一次性的特殊订单。以下是G公司的相关产品的单位成本数据和售价。

案例

	KT-6500	XR-2000
原材料（美元）	27	24
直接人工（美元）	12	10
变动间接费用（美元）	6	5
固定间接费用（美元）	48	40

变动销售和管理费用（美元）	5	4
固定销售和管理费用（美元）	12	10
正常售价（美元）	125	105
需要的机时	3	4

那么，为 L 公司制造 1 000 个 KT - 6500 部件，G 公司制定的最低单价应该是多少？

资料来源：美国注册管理会计师（CMA）考题。

从此题的已知条件看，G 公司是满负荷运作。因此，如果接受 L 公司的订单就意味着要挤掉其他产品的生产。由于 1 000 个 KT - 6500 部件需要 3 000 个机器小时，因此它要挤掉 750 个 XR - 2000 产品的生产。题目中没有提到要新增什么固定成本。

在这些已知条件下，我们就要算两种相关成本：生产 1 000 个 KT - 6500 的变动成本与 750 个 XR - 2000 的机会成本。

每个 KT - 6500 的变动成本是 50 美元（原材料 27 美元 + 直接人工 12 美元 + 变动间接费用 6 美元 + 变动销售和管理费用 5 美元），这样总变动成本就是 50 000 美元。

750 个 XR - 2000 的机会成本就是损失的边际贡献。每个 XR - 2000 的边际贡献是 62 美元（正常售价 105 美元 - 原材料 24 美元 - 直接人工 10 美元 - 变动间接费用 5 美元 - 变动销售和管理费用 4 美元）。这样总边际贡献就是 46 500 美元。

因此，生产 1 000 个 KT - 6500 的总相关成本是 50 000 + 46 500 = 96 500 美元。也就是说，G 公司管理层在与 L 公司谈价格的时候，最低价格应该设定在每个 96.5 美元，谈不到这个价格，订单就不要接。最后能谈成多少就看两公司的谈判能力了。

（四）外包还是自制

对现在的企业来说，外包（qutsourcing）是一种很常见的经营策略。外包的目的无非是为了获得自己不具备的资源或技术优势，或者将自己的资源集中用于自己最擅长的领域。它跟垂直整合正好是反方向的行为。

整合有平行整合和垂直整合之说。水平整合就是企业购买自己的竞争对手；而垂直整合就是企业购买自己的供应商（称为上游整合）或经销商（称为下游整合）。几十年前，西方国家的企业倾向于搞垂直整合，把上下游企业都揽在怀里，后来发现这样做并不好。现在的企业倒是更喜欢外包，不擅长或成本没有优势的经营活动干脆让别人来干。

这里先简单谈一下外包的定性考虑因素，然后再谈财务因素的决策分析。以下的表3-4归纳了外包的定性考虑因素：

表3-4

利	弊
• 提升核心竞争力 • 降低成本 • 低风险地获得最新的技术 • 减少固定资产投资	• 减少对过程的控制 • 缺乏个性化 • 泄密 • 培养潜在竞争对手

外包的财务因素则是外包还是自制的相关成本，以确定最多支付多少费用来外包要比自制更为合算。这个过程正好与特殊订单的定价决策相反。它也是分为三种情况：一是外包后产能过剩；二是外包后产能可以另作他用；三是外包后可以省下一部分固定成本。

• 产能过剩：如果外包后产能不能另作他用时，那么只有变动成本才是相关成本，过剩产能也没有什么机会成本，所以可以接受的最高价格就是所有变动成本之和。

• 产能可另作他用：当产能可以另作他用时，那么其产生的收益（机会成本）也要算上，可以接受的最高价格就是变动成本加上产能另作他用后产生的收益。

• 省下一部分固定成本：如果外包后可以省下部分固定成本，那么这部分固定成本也要考虑。可以接受的最高价格是变动成本加上省下的这部分固定成本。

我们看一个案例，学习一下如何进行此类的决策分析。

案例

R 公司本来为自己的冰箱装置生产配套用的制冰机，对于生产 20 000 台的制冰机而言，每台的成本如下。

直接材料（美元）	7
直接人工（美元）	12
变动制造费用（美元）	5
固定制造费用（美元）	10
总成本（美元）	34

C 公司承诺以每台售价 28（美元）向 R 公司出售 20 000 台制冰机，如果 R 公司同意 C 公司来生产自己的制冰机，那么其工厂将会闲置，但每单位产品 6（美元）的固定制造费用可以被避免，那么 R 公司要不要外包制冰机的生产呢？

（摘自美国注册管理会计师 CMA 考题）

从题目的已知条件看，如果 R 公司外包自己的制冰机生产，其产能将过剩，但是可以避免 6 美元的固定成本。所以，相关的成本是 30 美元（直接成本 7 美元 + 直接人工 12 美元 + 变动制造费用 5 美元 + 减少的固定成本 6 美元）。所以，C 公司的报价是可以接受的，外包比自己生产更有利。

（五）产品是否再加工

有一种生产类型称为联产品（joint product）生产，它是指投入原材料后要经过一段时间的生产才能出现几种可供辨认的不同产品。比较典型的是石油加工、奶制品加工和牲畜加工等。出现可供辨认的不同产品的点称为分离点（split-off point）。在分离点上，企业面临一个决策是：把产品就这样卖掉，还是继续加工（additional processing）之后再卖掉？

这个决策相对比较简单，只要看三个财务因素：

- 继续加工之前的产品市场价值。
- 继续加工之后的产品市场价值。
- 继续加工成本。

只要继续加工之后的产品市场价值减去继续加工之前的产品市场价值的差

大于继续加工的成本，那么这个产品就应该继续加工后再卖。

让我们看以下的案例，学习一下如何进行此类的决策分析。

案例

O 公司在联产品生产过程中生产了 40 000 加仑的 Mononate 和 60 000 加仑的 Beracyl，联产品成本为 $250 000。O 公司基于每种产品的产量在联产品之间进行联成本分摊，Mononate 和 Beracyl 都可以在分离点处以半成品的状态出售，也可以进一步加工。两种产品的附加信息如下：

	Mononate	Beracyl
在分割点处的每加仑售价（美元）	7	15
如果进一步加工的每加仑售价（美元）	10	18
如果进一步加工的变动生产成本（美元）	125 000	115 000

O 公司应该对这两种产品采取哪一种策略？

资料来源：美国注册管理会计师 CMA 考题。

对于 Mononate 来说，继续加工后和继续加工前的市场价值差是 120 000 美元（10 × 40 000 − 7 × 40 000），而继续加工成本是 125 000 美元。因此 Mononat 不应该再加工，应在分离点后直接出售。

对于 Beracyl 来说，继续加工后和继续加工前的市场价值差是 180 000 美元（18 × 60 000 − 15 × 60 000），而继续加工成本是 115 000 美元。因此 Beracyl 应该继续加工后出售。

联成本 250 000 美元在这个决策中是不相关的，它在分离点之前就已经发生，属于沉没成本，对后面的决策没有影响。

（六）是否增加或减少分部

所谓分部可以指一个产品线、一个门店或一个分公司。很多企业都拥有不止一个分部。比如连锁零售行业的企业可以有几十、几百甚至几千家门店；消费品行业的企业可以有几十种，甚至几百个产品线。但是并非所有的分部都可以盈利。根据所谓的 80/20 理论，一个企业大部分的收入或利润来自于少数的产品，而大部分产品业绩平平，甚至亏损。因此，企业经常会面临是否要新增或关闭某个分部的决策。

从定性的角度看，新增或关闭某个分部可能考虑以下的因素：

- 这个分部对企业的其他分部是否存在相互协同的作用。
- 这个分部是否对竞争对手有牵制的作用。
- 关闭这个分部对老板或企业员工心理上的影响。

这个决策的财务因素只有四个，而且非常容易理解。表3-5描述了这四个要素。

表3-5

分类	事项	例子
收益部分	+ 新增的收入	• 导致其他分部销售额的增加
	+ 减少的成本	• 导致这个分部变动成本的消失 • 导致这个分部部分固定成本的减少 • 导致其他分部成本的减少
损失部分	- 减少的收入	• 导致这个分部销售额的消失 • 导致其他分部销售额的减少
	- 新增的成本	• 导致其他分部成本的增加

以下让我们看一个案例，学习一下如何进行此类的决策分析。

案例

Y家具公司现在有3个部门：M部门、O部门和C部门。O经营状况欠佳，公司正在考虑关闭该部门。如果这样做，与O部门相关的收入就会消失，但会节约相关的变动成本，同时分配到O部门的50%的固定成本也会消失。按部门划分编制的损益表如下。

	M部门	O部门	C部门
销售（美元）	55 000	85 000	100 000
变动成本（美元）	40 000	72 000	82 000
边际收益（美元）	15 000	13 000	18 000

| 固定成本（美元） | 10 000 | 14 000 | 10 200 |
| 营业利润（损失）（美元） | 5 000 | （1 000） | 7 800 |

如果你是公司总经理，你会对 O 部门做怎样的决策？

资料来源：美国注册管理会计师（CMA）考题。

表 3-6 展示了这个案例的决策分析过程。

表 3-6

分类	事项	金额（美元）
收益部分	＋新增的收入	
	＋减少的成本	（72 000＋7 000）
损失部分	－减少的收入	－85 000
	－新增的成本	

- 如果关闭这个部门，则这个分部的销售额和相应的变动成本将全面消失，因此减少收入和减少成本各 85 000（美元）和 72 000（美元）。
- 关闭这个部门可以避免 50% 的固定成本，也就是可以减少成本 7 000（美元），这个也要考虑。
- 由于这个部门的关闭并没有影响其他部门，因此不需要考虑其他部门相关的收入或相关成本的变化。

从以上的分析中我们可以看到，如果关闭这个分部可以减少成本 79 000 美元，但是同时减少收入 85 000 美元。这样，总收益减少了 6 000 美元，因此，总经理不应该关闭 O 部门。

（七）产能限制下的生产安排

当企业在某个时间段内遇到某种或几种资源（如原材料或机器）有限制，以至于企业的生产不能满足顾客的全部需求时，企业就要决定应该优先安排生产哪个产品才能使企业的利润最大化。这个问题到底有多么复杂则要看到底有几种资源有限制以及所生产产品种类的数量，这里只介绍只有一种资源有限制的情况下的决策分析方法。有多种资源有限制并生产多种产品的情况要用"线性规划"的方法来计算。以下让我们看一个案例，学习一下如何进行此类的决策分析。

C 公司为多种产品生产电动机。产品的运营数据和单位成本信息如下。

案例

	产品 A	产品 B
年度需求量	10 000	20 000
售价（美元）	100	80
变动制造成本（美元）	53	45
固定制造成本（美元）	10	10
变动销售和管理费用（美元）	10	11
固定销售和管理费用（美元）	5	4
固定其他管理费用（美元）	2	0
单位经营利润（美元）	20	10
单位产品机时	2.0	1.5

C 公司有 40 000 个小时的机器小时可用，那么下一年度 C 公司应该如何安排生产呢？

资料来源：美国注册管理会计师 CMA 考题。

C 公司如果要满足所有需求量，则需要 50 000 个机器小时（10 000 × 2.0 + 20 000 × 1.5），而他只有 40 000 个机器小时可用。因此，机器是他的一个限制资源。为了达到利润最大化的目的，他应该生产单位机器小时产生边际贡献最多的产品。

	产品 A	产品 B
售价（美元）	100	80
变动制造成本（美元）	53	45
变动销售和管理费用（美元）	10	11
边际贡献（美元）	37	24
单位产品机时	2.0	1.5

单位机器小时的边际贡献（美元）　18.5　　　　　　16

产品 A 的单位机器小时的边际贡献更大，因此 C 公司应该优先生产产品 A，直到满足所有的需求，这样就要消耗了 20 000 个机器小时，然后他再生产产品 B，直到 40 000 个机器小时全部用完。

四、风险状态下的决策方法

到目前为止，我们都是在假设决策的考虑因素均为稳定的情况下思考问题，但真实的世界肯定不是这样的：

- 我们的自然、经济和社会环境会发生变化：气温忽冷忽热，股票指数上上下下，国家和国家之间时敌时友。
- 顾客的偏好会发生转移。
- 资源的价格会发生波动：石油、粮食、大蒜的价格都像坐过山车。如此等等。

以上的这种状况就是企业在经营过程中所面临的风险。企业领导人所面临的风险种类可能还远远不止这些。风险让决策变得更具有挑战性，这就要求决策者拥有不一样的思维方式和技巧。

（一）谈谈风险问题

风险的定义有好几种，这里先作一个简单的介绍。

广义的风险是指未来结果的波动性，也就是说未来的结果可能会好，也可能会糟糕。比如，一个企业在明年可能会盈利，也可能会亏损。就算盈利的话也会可能是小赚，也可能是大赚。风险大意味着结果波动大，也就是既可能赚得多，也可能亏得多。风险小就是波动小，既赚不了多少，也亏不了多少。

风险只是一个事情的一面，另一面就是期望回报。风险和回报是相匹配的，越高的风险就会有越高的回报，反之亦然。因此，风险大小本身无所谓好或不好，它完全是个人的偏好问题。有的人喜欢高风险高回报，而有的人则喜欢低风险低回报。如果一个人所承担的风险提高了，那么他/她自然就会要求更高的回报作为补偿。

从财务的角度来看，企业所面临风险的大小是由两个因素决定：一是经营风险；二是财务风险。

● 经营风险是由企业产品或服务的成本构成中，变动/固定成本所占的比重所引起的，固定成本比重越高，风险越大。比如，民航业的经营风险肯定要比纺织业的经营风险高。

● 财务风险是由企业的资本结构中，负债与权益所占的比重所引起的，负债比重越高，风险越大。

在谈金融或财务（英文中金融和财务都是 Finance）问题时，我们所说的风险就是广义概念，本文所探讨的风险问题也是指广义风险。

狭义的风险则是指未来可能遭受的损失。在这个定义下，风险大意味着可能的损失会很大，比如 BP 公司在墨西哥湾的石油泄漏事件。风险小则是可能的损失会很小，比如把钱存到银行里。

狭义风险需要一个个去识别和衡量。比如，一个航空公司要衡量飞机失事的风险或飞机延误的风险。衡量风险的公式是：

风险 = 事情一旦发生后的损失大小 × 事情发生的可能性

狭义风险主要用于企业内部风险管理，它是企业内部控制的核心问题。在美国的安然事件之后，内部控制成为各国企业特别重视的问题。如果企业领导人追求过高的风险，就会让企业处于非常危险的境地，一旦发生问题就会整体崩盘，让投资人遭受巨大损失。更让投资者恼火的是，承担外部监督职能的审计事务所也跟企业领导人沆瀣一气，欺骗投资者。因此，投资者希望企业领导者通过强化内部控制体系，将企业的风险控制在可以接受的程度。美国国会也通过了《萨班斯—奥克斯利法案》，对企业内部控制制度做了具体的规定。

这个话题本文只在这里点到为止，不做进一步的讨论。

（二）期望价值方法

期望价值是在风险情况下进行决策的一种常用思维方法，西方企业很重视让他们的管理者能够理解和使用这个方法。这个方法可以迫使企业管理者更深入地考虑未来可能出现的各种情况，并将这种考虑用简洁的数学模型来展现。更重要的是，这种方法可以让企业管理者对自己的假设进行检验，以不断更新自己的假设。坚持这样做的话，企业管理者在风险环境下进行决策的能力就可以得到不断提升。

这里先用一个小案例来说明这个方法。

假如有个人找我来打赌，打赌的方法很简单，就是扔一元钱硬币。那个人让我在每扔一次硬币前先付给他 10 元钱，扔了之后，如果硬币正面向上，则他会付给我 20 元，如果硬币反面向上，则他不用付给我钱。那么，我应该跟他打这个赌吗？

首先，每次打赌我都要先付出 10 元的代价，那么我的收益又是多少呢？要解决这个问题，我们可以通过期望价值的思维方法来解决。做期望价值计算时，我们要考虑三个要素：

• 未来可能出现的状态（state of nature）。在这个案例中，未来可能出现的状态就是两个：正面向上和反面向上。

• 每种状态下的财务结果（payoff）。在这案例中，正面向上的财务结果是收益 20 元，反面向上的财务结果是收益 0 元。

• 出现每种状态下的概率（probability）。在这个案例中，出现正面向上的概率是 50%，出现反面的概率也是 50%。

最后的计算模型见表 3 - 7。

表 3 -7

可能的状态	财务结果		概率	期望价值
正面向上	20	×	50%	10
反面向上	0	×	50%	

从以上的计算我们可以看到，在扔硬币情况下，我所能得到收益的期望价值是 10 元。这跟我每次付给对方的 10 元钱代价是相等的，因此这个打赌是公平的。

（三）决策树分析方法

期望价值法的进一步应用就是决策树分析方法，它是在风险状态下确定最优选项的一种数学模型。这种数学模型可以简单到在记事本上做勾画和计算，也可以复杂到使用计算机来建模并帮我们做计算。以下让我们看一个案例，学习一下如何进行决策树的分析。

案例

L俱乐部的管理者计划在当地橄榄球比赛时售卖一种椒盐卷饼。这种椒盐卷饼是从当地的一家食品制造商那里采购来的，每场比赛后没有售出的椒盐卷饼不能退货，也无法保存到下次比赛时再售卖。俱乐部的管理者决定，如果有未售出的就将它们捐给当地的食物中心。

俱乐部的管理者已经预测了如下所示的销售需求：

销售需求	8 000	10 000	12 000	15 000
概率	10%	40%	30%	20%

假设俱乐部可以选择的采购数量也是8 000，10 000，12 000和15 000这四种情况，俱乐部的管理者估计了如下所示的，在不同采购数量和销售需求水平下的利润：

不同采购数量下的预期利润

销售需求	8 000	10 000	12 000	15 000
8 000	6 000 美元	4 000 美元	2 200 美元	（500）美元
10 000	6 000 美元	8 000 美元	6 200 美元	3 500 美元
12 000	6 000 美元	8 000 美元	10 200 美元	7 500 美元
15 000	6 000 美元	8 000 美元	10 200 美元	13 500 美元

那么，俱乐部的管理者每次应该采购多少数量的椒盐卷饼呢？

资料来源：美国注册管理会计师（CMA）考题。

这个题的解答看上去有点复杂，但是运用决策树工具来进行分析的话就会简单很多。

首先我们把题目中最后一个数据列表解释一下：例如，如果俱乐部采购
10 000 个椒盐卷饼，那么当销售需求有 8 000 个时，俱乐部将挣到 4 000 美元。
当销售需求有 10 000 个时，俱乐部将挣到 8 000 美元。当销售需求有 12 000 个
和 15 000 个时，俱乐部都将挣到 8 000 美元（因为采购的 10 000 个都卖完了，
销售需求再高也只能挣这么多了）。

接下来，我们用表 3-8 的决策树工具来进行分析。

表 3-8

采购数量	销售需求	财务结果（美元）	概率		期望价值（美元）
8 000	8 000	6 000	×	10%	6 000
	10 000	6 000	×	40%	
	12 000	6 000	×	30%	
	15 000	6 000	×	20%	
10 000	8 000	4 000	×	10%	7 600
	10 000	8 000	×	40%	
	12 000	8 000	×	30%	
	15 000	8 000	×	20%	
12 000	8 000	2 200	×	10%	7 800
	10 000	6 200	×	40%	
	12 000	10 200	×	30%	
	15 000	10 200	×	20%	
15 000	8 000	−500	×	10%	6 300
	10 000	3 500	×	40%	
	12 000	7 500	×	30%	
	15 000	13 500	×	20%	

采购椒盐卷饼的数量是俱乐部管理者所要做的决策；销售需求则是未来可
能出现的状态，每个销售需求都有相对应的财务结果和概率。

从以上的分析我们可以看到，俱乐部的管理者应该决定采购 12 000 个椒

盐卷饼，因为它有最大的收益期望价值。

运用期望价值方法进行决策的一个很重要假设是，决策者是风险中性的，换句话说，他/她既不追求风险，也不厌恶风险。

如果决策者是个风险追求者，或者风险厌恶者，那么期望价值方法就不适用了。这个时候，决策者可以用以下三种方法中的一种来进行评估和选择。它们分别是：

- 最大值最大化。
- 最小值最大化。
- 最大后悔最小化。

我们还是用以上的这个案例来进行分析，但是忽略风险状态下的概率，这样已知条件就如以下的表3-9所示。

表3-9

销售需求	采购数量			
	8 000	10 000	12 000	15 000
8 000	6 000	4 000	2 200	-500
10 000	6 000	8 000	6 200	3 500
12 000	6 000	8 000	10 200	7 500
15 000	6 000	8 000	10 200	13 500

- 最大值最大化：这是偏好风险的投资者喜欢采用的策略。采购15 000个椒盐卷饼可能带来的最大收益是13 500元，是四个选项中最大的，所以在这个策略下就是它了。

- 最小值最大化：这是厌恶风险的投资者喜欢采用的策略。采购8 000个椒盐卷饼至少可以带来的收益是6 000美元，是四个选项中最大的，所以在这个策略下选它就对了。

- 最大后悔最小化：这是相对中性的投资者喜欢采用的策略。这个策略比较难懂，这里再用以下的表3-10做解释。比如，如果销售需求是10 000个的话，采购10 000个是不后悔的，采购8 000个会有2 000美元的后悔（也就是说比最好的选择差了 2 000 美元，其他同）。采购 12 000 个会有 1 800 美元的后悔，采购 15 000 个会有 4 500 美元的后悔。其他需求情况下依此类推。

● 我们可以发现采购 12 000 个可能发生的最大后悔是 3 800 美元，是所有选项中最大后悔最小的一个（见加黑的数字）。所以在这个策略下就应该选它。

表 3－10

销售需求	采购数量			
	8 000	10 000	12 000	15 000
8 000	6 000 （0）	4 000 （2 000 美元）	2 200 （**3 800 美元**）	－ 500 （**6 500 美元**）
10 000	6 000 （2 000 美元）	8 000 （0）	6 200 （1 800 美元）	3 500 （4 500 美元）
12 000	6 000 （4 200 美元）	8 000 （2 200 美元）	10 200 （0）	7 500 （2 700 美元）
15 000	6 000 （**7 500 美元**）	8 000 （**5 500 美元**）	10 200 （3 200 美元）	13 500 （0）

（四）折现现金流方法

让我们看这样一个问题：假如一个人现在投资 100 000 元钱，在以后的 5 年里，他在每年的年末都可以得到 25 000 元。请问，他在以上的投资中获得了多少收益？

一个小学生可以不假思索地写出计算公式，并计算出最终的答案：

25 000 × 5 － 100 000 ＝ 25 000 （元）

这个答案对吗？可以说对，也可以说不对。如果不考虑货币的时间价值，那这样做就是对的；如果考虑货币的时间价值，那这样做就是不对的。接下来先简单谈谈什么是货币的时间价值。

经济学是假设一个正常人有了钱之后，不是把它用来消费，就是用它来投资（经济学认为储蓄就是投资）。用来消费是追求当前的爽，而用来投资则是追求未来的更爽。这就好比让我选择是现在就吃 1 个苹果，还是 1 年以后吃 1 个苹果。我可以选择 1 年以后吃 1 个苹果，前提示这个苹果要比现在吃的那个苹果更大一点。理由是现在吃 1 个苹果是确定的，而 1 年后再吃 1 个苹果是不确定的或者是有风险的。前文说过一个人冒风险是要得到补偿的。

同理，现在拥有 100 元和 1 年之后拥有 100 元是不一样的。现在的 100 元应该相当于 1 年后的 100 多一点。反过来讲，1 年后的 100 元对现在来讲应该不值 100 元。这就是货币的时间价值。

例如，我们希望 1 年后可以有 10% 的回报，那么现在的 100 元在 1 年后应该是 110 元（100×1.1）。反过来讲，1 年后的 100 元在今天就值 90.91 元（100/1.1）。90.91 元称为 100 元的折现现金流，0.9091（100/110）就是折现率。

依此类推，100 元在 2 年后应该值 121 元；反过来说，2 年后的 100 元在今天只值 82.64（100/1.21）。

让我们再回过头来看看前面的那个问题。如果期望的回报是 10% 的话，那么他所能得到的总折现现金流就是 94 750 元（25 000/1.1 + 25 000/1.21 + 25 000/1.331 + 25 000/1.464 + 25 000/1.61）。

总折现现金流减去当初的投资被称为净现值（NPV），只有净现值大于零的投资才是值得的。以上这个问题的净现值等于 – 5 250 元，说明这个投资是不值得做的。

折现现金流法是投资决策中最常用的分析方法。此外还有内部回报率（IRR）和回收期等方法。最后说一句，在投资决策中都是要看现金流的，看所谓的会计利润或资产的历史成本都是错误的。

五、成本为导向的定价决策

定价决策是企业管理者所做的最重要决策之一。这是一种需要深思熟虑，但同时又带有一丝冒险和艺术的决策。它就像是走钢丝，需要平衡市场竞争力和产品利润率这两个对企业来说都是至关重要的事情。定价决策主要受两个因素的驱动：市场和成本。

以市场为导向的定价决策的出发点是以吸引尽可能多的顾客购买自己的产品为出发点。当绝大部分顾客认为市场上的产品都差不多，因而不愿意买更贵的产品时，那么不管企业愿不愿意，他只能用市场普遍接受的价格来卖自己的产品。大卖场里的产品大多属于这种类型。

而以成本为导向的定价决策的出发点则是要补偿所有发生的成本，并获得期望的回报。只有当一个企业在市场上占有一定支配地位时才有可能这般潇洒。大卖场里也有个别这样的产品，如茅台、中华烟。还有一样很不起眼，但超级牛逼的产品——食盐，谁让人家是国家专卖呢。

当然以市场为导向和以成本为导向并不是绝对的，绝大多数的产品游走在两个极端之间。本书主要探讨以成本为导向的定价决策，它包括两个方面的问题：

- 某个产品的成本要达到怎样的水平才能使它具有竞争力，并能获得期望的回报。

- 某个产品的实际成本到底是多少，它目前的定价是否合理。

（一）定价的时间跨度问题

企业在定价时希望补偿所有发生的成本，并有一定的盈余。这似乎是不言而喻的，但事情并不像看上去这样简单。比如，民航班机的机票在淡季时价格会非常低，这样的价格是不能补偿所有成本的。但是这样的定价是正确的决定吗？

在前文的"财务信息的相关性"中曾经提到，不同情况下所要考虑的成本信息是不同的。当产能出现过剩时，只有变动成本（与乘客数量相关的成本）才是相关成本，而固定成本（与乘客数量没有关系的成本）总是要发生的。这就解释了为什么民航班机的机票在淡季时价格非常低的原因，因为这个时候民航班机产能过剩，而民航班机的成本结构中变动成本的比例非常小。这个时候，机票价格虽然很低，但是它仍然可以高于变动成本，因而它就是可以接受的，只要它能吸引更多的人（原来是坐火车或长途汽车的）来坐飞机。

说到这里，你可能会有一点疑问："冰激凌也有淡旺季，为什么它在大冬天里的价格与夏日炎炎时的价格并没有什么区别？"这是因为冰激凌的变动成本占总成本的比例比较高；更重要的是，冰激凌企业在大冬天并没有产能过剩：除了有一段时间用来做设备保养之外，他们仍然可以继续生产，产品可以储存起来，等到夏天旺季来临时再拿出来销售。但是民航班机上过剩的座位可不能储存，只要飞机一起飞，没有卖出去的座位将全部"烂掉"。

但是价格光补偿变动成本肯定是不够的，固定成本也是一定要补偿的。前文的"谈谈成本"中曾经说过，从长期来看，所有的成本都是变动成本，因此长期的价格必须要能够补偿所有的成本，并有足够的盈余，否则这个生意或投资就不值得一做。民航班机在淡季的低票价是短期的定价决策，这在当时的情况下是正确的，也就是说能卖出去的低价票要比卖不去的高价票对企业更加有利。但是从长期来看，它的总体机票价格是应该高到一定的程度来补偿所有成本，并获得期望回报的（实际上能否做到则是另一回事）。

所以说，一个对企业生死攸关的定价决策一定要在产品出生之前进行深思熟虑的成本分析，并要从长远的眼光来看待整体成本。这点在下面的主题中做更深入的探讨。

（二）目标定价和成本的思想

2010年1月28日，北京时间凌晨2点过一点，苹果公司掌门人乔布斯手里拿着一个像镜框一样的东西走上了新产品发布会的讲台。乔布斯称手上的这个东西为iPad，然后滔滔不绝地介绍和演示它的各种功能："它采用iPhone类似的设计，并且有很大的空间，支持多点触控；在使用界面上跟iPhone的操作差不多，有音乐，图片，还有日历；内建Google地图软件，内置iPhone一样的浏览器，地址本等。"

台下的粉丝很郁闷：自己翘首以盼的革命性产品难道就是这个加宽加长的iPhone吗？因此，不管乔布斯怎样口沫横飞，台下就是波澜不惊。

最后，乔布斯抖出了最后的包袱："你们认为这个产品要多少钱？你们可能认为要1 000美元，但是我告诉你们，它的售价是499美元。"台下终于出现了高潮。

在发布会之后不到一个月的时间内，iPad 卖出了 100 万台，要不是供应链赶不上趟，销售数量还将远远超过这个数字。

价格在任何时候都是竞争的利器，对苹果公司也不例外。苹果公司的 iPad 定价让其竞争对手陷入尴尬境地，他们不得不重新审视自己的产品和成本，以做出相应的调整，其结果是推迟了他们推出新产品的时间，甚至让他们望而却步。

iPad 是目标定价与成本思想的完美案例。在竞争日趋激烈的环境中，这种方法能产生巨大的竞争杀伤力。我们先来看看这种思想与传统的定价方法有什么不同。

传统的定价方法是企业在产品开发和设计时没有深入地考虑价格和成本的问题，而是当产品成型时才对成本进行识别和衡量，然后加上一个想当然的毛利，这样产品的价格就产生了。这种方法的问题是，当顾客普遍接受的市场价格低于这定价时，企业将陷入进退两难境地：要么维持这个价格，导致产品没有竞争力；要么降低价格，让毛利很受伤。

目标定价和成本法则是在产品和服务的开发和设计阶段就开始规划、管理和降低成本。它的思维方式如图 3-4 所示。

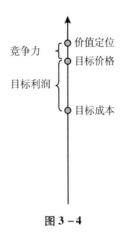

图 3-4

首先，企业管理者要对产品进行价值定位，也就是说要确定自己的产品和服务要给目标顾客怎样的价值。通俗地讲，就是要给顾客一辆桑塔纳，还是一辆奥迪。这是市场营销的话题，这里不过多探讨。

接下来，企业的管理者要确定产品和服务的价格，这个价格在目标顾客眼里必须是物有所值。价格越低于目标顾客所感知的价值水平，产品就越有竞争力。虽然这种衡量比较主观，而且不同人有不同的认知，但是依靠市场调查和统计分析还是可以找到一个绝大多数顾客都认为颇具吸引力的价格，它就是这个产品的目标价格。

再接下来，企业的管理者要确定这个产品或服务的目标利润，它可以给企业带来期望的投资回报。当目标价格和目标利润都确定了之后，目标成本也就产生了。

最后，企业就要在产品和服务的设计上进行煞费苦心的工作。这个时候，企业会成立一个跨职能团队（包含研发、设计、采购、生产、营销、财务等各部门的员工）参与产品或服务的设计，并运用并行工程、价值工程、质量功能展开等方法和工具，尽一切可能降低成本，直到目标成本得以实现。

（三）产品生命周期成本思想

产品生命周期成本思想与目标成本思想是相辅相成的，产生这种思想的原因也是日益激烈的市场竞争环境。在这种环境下，企业面临两个重要趋势，这两个趋势都要求企业从整个产品的生命周期角度来看待成本。

• 企业需要在价值链的上、下游环节投入更多的资源。价值链由研发、设计、制造、营销、配送和售后服务等环节组成。制造一般被称为中游，而研发、设计则被称为上游，营销、配送和售后服务则被称为下游。以前中游的制造成本占总成本的大部分，但是现在激烈的市场竞争迫使企业在上、下游发生越来越多的成本。上、下游的成本基本上都是固定成本，它们就像是"双刃剑"：一方面使企业的经营风险增加；另一方面也使企业产品的附加值更高。前文曾经提到，固定成本是长期定价的考虑因素，而长期的概念自然指的就是产品的整个生命周期。因此从理论上讲，整个价值链上产生的固定成本都要分摊到在产品生命周期中被销售的全部产品上去，并与单位产品的变动成本形成了单位产品的总成本，而这个总成本就要达到前面所提到的目标成本。

● 产品的生命周期变得越来越短。这就使得用于分摊固定成本的产品数量减少（也就是分母减少），这样也就增加了单位产品的总成本。应该说产品的生命周期变短使得目标成本思想和产品生命周期成本思想变得更加引人注目，而且被越来越多的企业付诸实践。现在连微软、苹果这样的超级品牌和赚钱机器都不敢在成本管理上有所松懈，我们的企业管理者有什么理由在这方面毫无作为呢。

（四）改善成本法思想

没有哪个产品的质量和成本在开始阶段就可以做到尽善尽美，而且也不可能在以后做到尽善尽美，因此，企业总是有改进质量和成本的潜力。丰田公司已经被认为是制造业的典范，但是他们自己还是认为有3%的潜力可挖。

持续改善思想的兴起、传播和被广泛认可很具有戏剧性。这个思想本起源于美国，一个名叫爱德华·戴明的美国质量管理专家是这个思想的倡导者之一。但是他的质量管理思想在当时的美国企业界并没有什么市场，反而是日本人请他去授课，使得他的思想在日本的企业里发扬光大。因此，有人称爱德华·戴明是改变日本历史的人。当日本产品对美国产品产生巨大冲击的时候，有美国人埋怨爱德华·戴明让日本企业强大了，威胁了自己国家的企业和老百姓的饭碗。爱德华·戴明对此淡淡地说，我没有教日本人什么东西，只是要他们每天进步一点点。随着日本企业的竞争力逐渐提高，美国哈佛、麻省的教授反而去研究它们的成功案例，并总结成一个个的管理理念，如精益生产、JIT、6西格玛等。

改善成本法是持续改善思想在成本管理上的一个具体应用，反过来它又对企业的各种改善活动，如全面质量管理（TQM）和全员生产性维护（TPM）所取得的成效进行衡量。

改善成本法的具体做法是给产品设定一个理想成本目标。这个目标并不是目前必须要达到的，也不用来做短期的业绩评价，它只是为全体员工指明了一个前进的方向。在以后的日子里，员工会持续不断地开展各种改善活动，在改善产品质量的同时，也努力降低产品的成本水平，使之逐步接近理想成本目标。

目标成本法和改善成本法的运用都离不开企业运用正确的成本核算方法来衡量产品的成本，这个话题已经在本书的"财务与战略"中做了探讨。

第四章

财务与管理

销售员用销售业绩来证明自己在做销售；工人用产品来证明自己在做生产；工程师用图纸来证明自己在做设计。那么，企业管理者拿什么来证明自己在管理呢？

引文：《孙子兵法》之"庙算"

　　孙子曰：兵者，国之大事，死生之地，存亡之道，不可不察也。故经之以五事，校之以计，而索其情：一曰道，二曰天，三曰地，四曰将，五曰法。道者，令民于上同意，可与之死，可与之生，而不危也；天者，阴阳、寒暑、时制也；地者，远近、险易、广狭、死生也；将者，智、信、仁、勇、严也；法者，曲制、官道、主用也。凡此五者，将莫不闻，知之者胜，不知之者不胜。

　　故校之以计，而索其情，曰：主孰有道？将孰有能？天地孰得？法令孰行？兵众孰强？士卒孰练？赏罚孰明？吾以此知胜负矣。将听吾计，用之必胜，留之；将不听吾计，用之必败，去之。计利以听，乃为之势，以佐其外。势者，因利而制权也。

　　兵者，诡道也。故能而示之不能，用而示之不用，近而示之远，远而示之近。利而诱之，乱而取之，实而备之，强而避之，怒而挠之，卑而骄之，佚而劳之，亲而离之，攻其无备，出其不意。此兵家之胜，不可先传也。

　　夫未战而庙算胜者，得算多也；未战而庙算不胜者，得算少也。多算胜少算，而况于无算乎！吾以此观之，胜负见矣。

我们的企业管理者在进行投资和经营活动之前有没有进行"庙算"？如果没有"庙算"，那么凭什么在市场竞争中取胜呢？

　　我们的企业管理者知道怎样进行"庙算"吗？"庙算"的工具是什么呢？如果不知道，那么称得上是一个合格的管理者吗？

一、企业"庙算"（一）——预算思想

　　企业之"庙算"就是企业的经营计划，而西方企业管理理论认为决策、计划和控制就是企业管理者的三大核心技能。决策已经在前篇做了详细阐述，而计划和控制将在本篇做详细阐述。

（一）企业管理的"黄金循环"

　　企业管理者如何才能提升企业的管理水平？答案只有一个：企业管理者只有通过管理活动本身才能培养和完善自己的管理能力，因而推动企业管理水平的提高。

　　我们的企业管理者在从事管理活动吗？没有哪位企业管理者会承认自己没在做管理，并且会用"自己很忙"来证明这一点。可问题是：销售员可以用销售业绩来证明自己在做销售；工人可以用产品来证明自己在做生产；工程师可以用画图纸来证明自己在做设计；那么，企业管理者拿什么来证明自己在做管理呢？

　　彼得·德鲁克的"目标管理"思想认为，企业管理者的"产品"就是设定目标并确保目标的达成。在某个工作开始之前必须先有目标，而且必须要有人为此承担责任，否则这个工作必然会被忽视。

　　企业的管理活动是一个由计划和控制所组成的循环（见图4-1）。计划的结果是目标（如完成多少销售收入）或标准（如每周拜访多少客户）。而控制的结果是确保任何不符合目标或标准的工作被及时纠正，并且责任人得到相应的奖励和惩罚。

　　计划和控制过程之所以被称为"黄金循环"，是因为它们不仅能确保短期企业目标或标准的实现，而且这个过程本身就是企业管理者进行学习和进一步提升管理能力的绝佳机会。这个循环可以使企业管理者不断地提高设定目标或标准的能力，以及提高发现和纠正目标或标准偏离并开展持续改进的能力。它的最终目标是提升了企业经营水平。

可以这样比喻：企业的经营活动就像一个石球，其竞争能力的提升就好比它沿着山坡向上滚动，而计划/控制循环就是这个石球不断向上滚动的推动力（见图 4 - 1）。

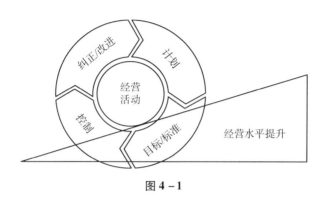

图 4 - 1

本篇将主要探讨计划和控制的定量问题。在计划方面就是"全面预算"，在控制方面就是以"差异分析体系"为代表的绩效衡量。

（二）标准成本思想

标准成本是企业管理发展史上一个具有里程碑意义的思想和实践。它起源于 19 世纪 20 年代，那时候泰勒的"科学管理法"已经被广大的欧美企业所接受，企业的管理者认识到，为了更好地控制生产成本，必须对成本设立标准。

前文曾经提到，企业的经营问题无非就是两头：价值与成本。价值的核心就是质量。质量就是符合标准，设定产品标准是质量管理的基石。同样，成本也必须有标准，设定成本标准是成本管理的基石。正因为有了标准成本的概念，才逐步发展出全面预算、差异分析等管理工具，这些工具在美国、日本等国家的企业中得到很普遍的运用。

所谓标准成本就是对某个产品所消耗的资源数量和价格制定标准。最容易理解的成本标准就是直接材料和直接人工的标准。

● 直接材料。比如一个网球需要消耗多少橡胶，它还可以具体分为需要多少天然橡胶和合成橡胶，每公斤天然橡胶和合成橡胶的价格应该是多少。在设定直接材料标准的时候，应该先考虑质量因素，贪图便宜而采购不合格的原材料或配件是得不偿失的。这可不是什么大道理，是可以算细账的。此外，还要综合考虑采购数量、交货期以及使用过程中的费用等因素。这个标准应该由生产经理、采购部、工程师和财务部一起协商来制定。

● 直接人工。比如做一件衣服需要多少工时，每个工时需要多少工资。设定直接人工标准的时候，需要考虑员工的技能和工作经验。企业管理者应该以高效率、高工资为方向，而不是反过来。

标准的设定可以有多个源头，它们各有特点，企业管理者可以将它们结合起来使用。

● 企业战略。前文曾谈到过目标成本思想。企业根据市场的竞争压力以及期望回报来设定产品的目标成本。它从战略的层面指导企业管理者设定各种成本标准。

● 作业分析。前文曾经谈到，很多成本与产品数量没有因果关系，而是与作业有因果关系。作业分析就是研究作业与成本之间的关系，并通过确定产品所消耗的作业标准来确定产品的成本标准。

● 历史数据。这是根据以前产品的实际成本来确定未来的成本标准。这种方法相对简单，但缺乏前瞻性。

● 行业标杆。这是采用行业中最好的成本水平作为自己的标准。

遗憾的是，在我国大部分企业中还没有标准成本的思想和实践。

前文曾提到，很多企业连最基本的产品质量标准思想都还没有建立起来。这样的企业的管理水平与欧美国家企业的管理水平相比整整落后了一百年！我曾经去一家做中央空调的民营企业做培训。培训之前先简单了解了他们的生产过程。在培训时，我问了在场的生产主管这样一个问题：工人把中央空调的主机刷一遍油漆需要多少时间？竟然没有一个生产主管能回答这个问题！不知道工人刷油漆需要多少时间，就不知道生产该产品的具体工时，自然就不能比较准确地知道该产品的人工成本。因此，我们的企业管理者必须在标准成本方面进行"集体补钙"（产品质量标准的"钙"也要补上）。这个"钙"不补上，企业的身子骨将非常脆弱。

标准成本是全面预算体系的基础，可以说没有标准成本就没有预算。我国的很多企业没有标准成本思想，却都在做预算。这说明我们的管理者和财务人士并不理解预算的真正内涵，也没有发挥预算的真正作用。

（三）预算是个好东西

预算是现代企业管理实践中的精华。企业做预算的水平体现了它的整体管理水平。预算的好处多多，几乎没有什么缺点。预算可以比喻为三样东西，它们分别是：

- 企业与管理者的第二份合同。

企业与管理者之间的第一份合同自然就是那份劳动合同，而那个合同很可能没有将企业与管理者之间的权利与义务完全说清楚。怎么办呢？预算就是一个很好的补充。预算里面的那一行行数字是什么？它们是管理者承诺要实现的目标或标准，同时也是企业让管理者有权使用的资源。

很多民营企业的老板花重金请来了职业经理人，但过了一段时间感觉他们并不比自己的小舅子强多少。职业经理人也委屈：感觉自己没有得到授权，连报个出租车票都要老板签字。很多企业领导人天天给自己的干部们谈先进的战略和理念，但最后发现什么事情都没有改变，于是便感叹干部们"执行力"太差。其实道理很简单：如果要做成一件事情，最后一定是要谈"钱"的。否则，一切都是空谈，没有执行力是毫不奇怪的。

这个问题怎么解决？很简单，做预算，把钱的问题讲清楚。这在欧美国家的企业中已经是家常便饭了。通过预算，企业各个层面的管理者明确了自己的目标或标准，更重要的是明确了自己可以支配多少资源来实现自己的目标或标准。这样，他们才能带领自己的团队去做事情。

- 部门之间的沟通和协调平台。

一个企业的高层管理者与基层管理者要沟通目标和标准。同时企业的部门之间也要进行沟通。每个部门都有自己的目标或偏好，而他们都会认为自己的立场是正确的。因此，部门之间相互冲突是非常普遍的现象。这个时候，如果企业没有一个沟通或协调平台的话，那么各部门之间只有吵架了，而企业领导人则会左右为难。

预算就是这样一个促进沟通和协调的平台。由于它将企业的整体经营活动体现在一个系统之上，而且最终都用钱来表述，所以它可以避免企业各部门管理者之间的无谓争吵，让大家在这个平台上去权衡各种经营方案的利弊得失，找到一个对整体最优的方案。

- 经营活动的模拟器。

预算就是一个企业管理者进行"庙算"或"沙盘模拟"的工具，西方人称作"如果……怎样"的分析（what-if analysis），这是预算最有价值的地方，企业管理者不加以利用真是可惜了。

虽然预算看上去都是数字，但其实它背后是一个个具体的经营活动。企业管理者在实施经营活动之前应该先进行计划，也就是说要把每个经营活动的故事讲清楚（定性的计划方法这里就不做阐述了），最后将经营计划变成财务计划。定性的经营计划与定量的财务计划是相辅相成、缺一不可的。经营计划可以让企业管理者深刻理解财务计划的假设，确保财务计划的现实意义。而财务计划则可以促使企业管理者制定更加深思熟虑的经营计划，并确保经营计划得以实施。

发达的计算机软件让预算如虎添翼，简单地用 Excel 也就够了，复杂的可以用 ERP。预算上的数字之间都是用逻辑关系进行联系，使之成为一个完整的系统。任何一个数字的改变可以立即改变很多其他数字。这时候，企业管理者就可以拿它来"纸上谈兵"或者进行"如果……怎样"的分析了：

- 如果销售收入增加10%，那么经营利润会增加多少？
- 如果营销费用增加20%，那么销售收入和经营利润会怎样变化？
- 如果要实现100万元的经营利润，销售收入必须达到多少？
- 如果要增添一个新产品的话，需要实现多少销售收入才能使总利润保持不变？
- 如果提高原材料的质量并导致成本增加10%，同时提高人工的效率20%，这样做是否合算？如此等等。

（四）怎样才是一个好预算

做一个好预算不容易，因为它不是财务数字的简单堆砌，而是体现企业战略，并立足于日常经营活动的综合性财务体系。这里简单谈谈做一个好预算的基本原则。

• 预算必须来源于战略，是战略规划的延续。虽然预算本身不是战略，但是它却与战略密不可分。战略一定要落实在预算上，否则就无法执行。这在西方企业那里已经是个常识了。反过来，预算一定要体现战略方向。企业如果追求差异化战略，那它一定在研发和营销费用上有较高比例（相对于销售收入）的预算；如果追求成本领先战略，那么这两块的比例就会低很多。

• 预算应该用于缓解潜在的瓶颈，促进资源的有效利用。预算体现的是企业资源的配置，而资源配置的核心在于协调。以前有个叫"秦池"的白酒品牌，曾经是央视的"标王"。如果单从打广告这件事来说，它的策略是成功的。巨额的广告投入换来了冲天而上的品牌知名度，以及拿着现金等待提货的客户。但是，"秦池"没有在其生产能力上投入相应资源，这使它陷入了有市场需求但无货可卖的窘境，也就意味着广告都白打了。最后，被逼急的它满世界收购白酒，拖回家就往瓶里灌，被新闻曝光之后便一蹶不振。

• 预算必须被管理层所接受。预算是由高层管理者直接制定并压给中、下级管理层，还是让中、下级管理者甚至普通员工都参与预算的制定？欧美企业比较主流的做法是允许员工参与，因为他们认为这样会使管理者和普通员工更受激励，更愿意严格地执行预算。

• 预算必须作为一个计划、沟通和协调的工具。此点已经在前文做了阐述。

• 预算必须被看成是一个控制工具。前文说过，预算上的数字就是目标或标准，因此它不仅是事前的计划，同时也是事中和事后进行控制和纠正的基础。计划与控制就像是两个"半环"，单独存在是不完整的。

• 预算背后的假设应该易于理解。此点已经在前文做了阐述。

• 预算必须技术准确，数据和事实可靠。预算的技术问题将在后文做详细阐述。

● 预算必须兼顾承诺性和灵活性。预算一旦制定是否允许更改？答案是不应该轻易更改，但是在某些条件下允许更改。这个条件主要是指发生了企业不能控制的事情（如经济危机），或某个假设发生了明显变化。

（五）预算制度

预算有多种形式，这里简单介绍一下它们的特点：

● 全面预算（master budget）。它又被称为年度经营计划或利润计划。它一般是一年制定一次，从销售收入开始，几乎将企业每个方面的成本都做一番估计。全面预算的制定方法将在后文阐述。可以说后面几种预算形式都是从全面预算演变而来。

● 项目预算（project budgeting）。所谓项目就是独特的，有明确的开始与结束时间的产品（如轮船、大楼、奥运会等）。由于每个产品足够大，它们可以单独做预算。这样的话，每个产品对企业利润的贡献就可以轻易地衡量。

● 作业为基础的预算（activity-based budgeting）。它要求企业管理者尽量搞清楚成本与作业的关系，例如，清洁一平方米面积的成本是多少？处理一张凭证的成本是多少？洞悉这种关系可以使管理者更准确地估计成本的发生。

● 零基预算（zero-based budgeting）。它是美国前总统卡特在做州长的时候提出的一种预算方法，后来被企业广泛采用。顾名思义，这种预算方法要求企业管理者就像第一次做预算那样考虑问题，不要参照历史数据。这样做的假设是组织的生存环境在不断地发生变化，这导致组织的工作重点也要发生变化，因而需要重新考虑企业的资源配置。零基预算要求企业管理者将企业未来需要做的事情按优先顺序进行排列，停止那些已经不需要再做的事情；然后根据它们的重要程度来安排资源。

● 增量预算（incremental budgeting）。这是与零基预算相对应的一种预算方法，是参照历史数据来做新的预算。它假设历史的情况还将继续延续。一般来说，企业管理者会将它与零基预算交替使用。

● 滚动预算（rolling budgeting）。由于一般的预算都是 1 年做一次，一做管 1 年，因此每当过了 1 个月，前面的预算期就少一个月，直到预算期快结束时才再做新一年的预算。这样的预算对那些需要持续保持一定前瞻期的企业是有问题的。比如，一个房地产企业的管理者在 2016 年 12 月制定 2017 年的预算。他预计在 2017 年前几个月，楼盘会滞销，这样在 2017 年年底就没有安排新的开工项目。但是，2017 年前几个月过去了，楼盘销售得不错，这样的话就要预算在 2018 年的前几个月开工新项目了。但是，如果用一般预算的话，预算期到 2017 年底就没了，要做 2018 年的预算要等到 2017 年年底了。解决这个问题的方法就是滚动预算：它是在每个月或季度过去之后再新添 1 个月或季度的预算，这样整个预算期始终保持在 1 年的跨度。使用滚动预算，房地产企业的管理者就可以在 2017 年的 3 月底做 2018 年第 1 季度的预算，这样就可以及时地为新开工项目做出财务安排了。

● 改善预算（kaizen budgeting）。它是基于持续改善思想基础上的一种预算方法。技术上没什么特别的，就是每年的预算成本都要有一定程度的下降。比率不要求高，但要持续下降。

二、企业"庙算"（二）——预算方法

全面预算（又称为年度利润计划）由很多不同的预算组合而成。首先可以分为经营预算和财务预算，经营预算又可以分为销售预算、生产预算、销售和管理费用预算。财务预算又可以分为模拟损益表、模拟资产负债表和模拟现金流表。

（一）销售预算

销售预算是全面预算的起头。这个头一定要起好，因为后面的很多成本预算都与销售预算有关系。销售估计不准确，后面的成本预算就会发生偏差。销售预算的逻辑很简单，它就是销售数量乘以销售单价。但是预测销售数量是一件很有挑战性的活儿，因为影响销售数量的内外部因素实在太多，有些是可控的，如投入的营销费用；有些是不可控的，如竞争对手的行动。好在专家发明了一些做销售预测的方法，这里做个简单介绍。

● 线性回归法。这是研究两件事情之间是否关系的一种方法。一旦找到这种关系（也就是规律），它就可以用于预测。比如，一个企业可以去研究历年的营销费用与销售收入之间有没有关系。如果有较强的关系，那么企业就可以通过控制未来的营销费用来预测未来的销售收入。

● 平滑法。即用历史的销售收入来预测未来的销售收入。平滑法又分为加权平滑法、指数平滑法。它比较适用于销售收入的变化比较有规律的行业，如零售业。

● 蒙特卡洛法。这个方法是一个研究氢弹的科学家发明的，它的基本原理并不复杂。我们可以用一个很简单的例子来解释这个方法。有一家商店销售一种电脑，过去的记录显示：每天销售 1 台电脑的概率是 10%，销售两台的概率是 18%，销售 3 台的概率是 30%，销售 4 台的概率是 21%，销售 5 台的概率是 13%，销售 6 台的概率是 8%。我们做 100 张卡片，在 10 张卡片上写上 1 台，18 张上写 2 台，30 张上写 3 台，21 张上写 4 台，13 张上写 5 台，8 张上写 6 台。接下来，我们将卡片打乱，放在一个盒子里。这样我们就建好了一个模型。假如这家店的老板每周采购一次电脑，采购的数目就是一周（7天）的需求量。那么他只要在盒子里随机抽 7 张卡片。这 7 张卡片上的数字加起来就是未来 7 天需求量的预测。

销售预算的格式如表 4-1 所示。销售收入必须拆分为销售数量与单价，以后的成本预算也要这样做拆分。其中的道理在后文再做阐述。

表 4-1

销售预算			
	一月	二月	三月
销售数量	10 000	12 000	15 000
销售单价（元）	200	202	204
销售额（元）	2 000 000	2 424 000	3 060 000

企业往往有不同的产品，那么它需要针对每个产品分别做预算，然后再进行合并。这是由于每个产品的变动成本（直接材料、直接人工和变动间接制造费用）很可能是不同的。因此，只有分别编制销售预算才能准确地编制直接材料预算、直接人工预算和变动间接制造预算。这样也有利于以后进行差异分析，以及衡量每个产品线的盈利能力。

（二）生产预算

销售预算做好之后，接下来就是生产预算。生产数量与销售数量的逻辑关系是：

$$生产数量 = 销售数量 + 产品期末存货 - 产品期初存货$$

接下来的问题是怎样设定产品期初/期末存货的假设。一个比较常用的方法是设定每期的期末存货是下期销售量的一个百分比，比如，每月的产品期末存货是下一月销售量的30%，那么如果二月份的销售数量是12 000单位，那么一月份的期末存货是3 600单位。同时，本期的期末存货就是下一期的期初存货，以此类推。生产预算的格式如表4-2所示。

表4-2

生产预算			
	一月	二月	三月
预算销售数量	10 000	12 000	15 000
加：期望期末存货	3 600	4 500	4 800
减：期望期初存货	3 000	3 600	4 500
预算生产数量	10 600	12 900	15 300

注：假设四月份的销售额是16 000，因而三月的期望期末存货是4 800。

（三）直接材料预算

直接材料有两种预算组成：直接材料采购预算与直接材料使用预算。采购数量与生产数量的逻辑关系是：

直接材料采购数量 = 生产数量 × 直接材料使用量／单位产品

+ 直接材料的期末存货 − 直接材料的期初存货

直接材料的使用成本的逻辑关系是：

直接材料使用成本 = 直接材料采购金额 + 直接材料期初存货的金额

− 直接材料期末存货的金额

直接材料期初／期末存货的假设方法与产品存货的假设方法是一样的。比如设定每期直接材料期末存货是下一期直接材料使用量的 50%，如果二月份的生产数量是 12 900 单位（见表 4 – 2），每个产品消耗 5 单位的直接材料，那么二月份的直接材料使用量是 64 500 单位，那么一月份的期末存货是 32 250 单位。本月的期末存货就是下一月的期初存货，依此类推。直接材料采购预算和使用预算的格式如表 4 – 3 和表 4 – 4 所示。

表 4 – 3

直接材料采购预算			
	一月	二月	三月
直接材料需求数量	53 000	64 500	76 500
加：期望的期末存货	32 250	38 250	40 000
减：期望的期初存货	26 500	32 250	38 250
直接材料的采购数量	58 750	70 500	78 250
直接材料的单位价格（元）	20	20	22
直接材料采购金额（元）	1 175 000	1 410 000	1 721 500

表 4 – 4

直接材料使用预算			
	一月	二月	三月
直接材料的期初存货	26 500	32 250	38 250
直接材料的单位价格（元）	18	20	20
期初存货的金额（元）	477 000	645 000	765 000

续表

直接材料使用预算			
	一月	二月	三月
加：直接材料采购金额（元）	1 175 000	1 410 000	1 721 500
直接材料的期末存货	32 250	38 250	40 000
直接材料的单位价格（元）	20	20	22
减：期末存货的金额（元）	645 000	765 000	880 000
直接材料的使用成本（元）	1 007 000	1 290 000	1 606 000

（四）直接人工预算

直接人工预算相对于直接材料预算来说要简单很多，只要知道单位产品需要的人工工时和每人工工时的工资就够了。直接人工预算的格式如表4－5所示。

表4－5

直接人工预算			
预算生产数量	10 600	12 900	15 300
单位产品直接人工工时	1	1	1
直接人工工时	10 600	12 900	15 300
单位工时工资（元）	20	20	20
直接人工成本（元）	212 000	258 000	306 000

（五）制造间接费用预算

制造间接费用预算涉及的项目比较多。一般它们被分为变动间接费用和固定间接费用。这里的成本动因可以用直接人工工时（劳动密集型生产）或机器小时（资本密集型生产），更复杂的可以用多个成本动因（前文所谈到的作业成本法）。本案例使用直接人工工时作为成本动因。制造间接费用预算见表4－6。

表 4-6

		每人工小时	一月	二月	三月
制造间接费用预算					
总直接人工小时			10 600	12 900	15 300
变动制造间接费用（元）	间接材料	0.5	8 300	6 450	7 650
	员工福利	4	42 400	51 600	61 200
	水电煤	1	10 600	12 900	15 300
	设施维护	0.5	8 300	6 450	7 650
	总变动间接费用	6	63 600	77 400	91 800
固定制造间接费用（元）	折旧	—	10 000	10 000	10 000
	工厂保险	—	400	400	400
	管理人员工资	—	5 000	5 000	5 000
	间接人工工资	—	35 000	35 000	35 000
	水电煤	—	2 000	2 000	2 000
	设施维护	—	1 000	1 000	1 000
	总固定间接费用	—	53 400	53 400	53 400
总制造间接费用（元）		—	117 000	130 800	145 200

（六）产品销售成本预算

产品销售成本预算又称为产品生产和销售成本预算。产品生产成本（COGM）的逻辑关系是：

产品生产成本 = 期初在制品存货金额 + 直接材料使用成本

+ 直接人工成本 + 制造间接费用 - 期末在制品存货成本

产品销售成本（COGS）的逻辑关系是：

产品销售成本 = 期初产品存货金额 + 产品生产成本 - 期末产品存货金额

为了把问题简单化，我们假设期初在制品和产品的存货金额都等于期末在制品和产品的存货金额。这样，产品销售成本就直接等于直接材料使用成本、直接人工成本和制造间接费用的总和。表 4-7 是产品销售成本预算。

表 4 - 7　　　　　　　　　　　　　　　　　　　　　单位：元

产品销售成本预算			
	一月	二月	三月
期初产品存货金额	0	0	0
直接材料使用成本	1 007 000	1 290 000	1 606 000
直接人工成本	212 000	258 000	306 000
制造间接费用	117 000	130 800	145 200
产品生产成本	1 336 000	1 678 800	2 057 000
期末产品存货金额	0	0	0
产品销售成本	1 336 000	1 678 800	2 057 000

（七）销售和行政费用预算

销售和行政费用也称为经营成本，不能进入以上产品成本的其他成本统统归入这个预算。这样做是财务会计准则的要求，从企业管理上来说没有多大的意义。销售和行政费用预算中的每一项也要尽可能地找到其成本动因（前文所谈到的作业成本管理思想）。表 4 - 8 是简化的销售与行政费用预算。

表 4 - 8　　　　　　　　　　　　　　　　　　　　　单位：元

销售与行政费用预算			
	一月	二月	三月
研发/设计费用	60 000	60 000	70 000
营销费用	100 000	100 000	100 000
配送费用	20 000	24 240	30 600
产品支持费用	60 000	60 000	70 000
行政费用	200 000	200 000	200 000
总计	440 000	444 240	470 600

（八）模拟损益表

以上的经营预算可以汇总为模拟损益表，它可以让企业管理者大致了解企业的经营状况。表4-9是第一季度的模拟损益表。

表4-9 单位：元

模拟损益表	
销售收入	7 484 000
减：产品销售成本	5 071 800
毛利	2 412 200
减：经营费用	1 354 840
经营利润	1 057 360

（九）现金预算

企业的经营活动都要靠现金来支撑，因而现金预算被放在预算的最后，用来掌控全局。现金预算如果不可行，则前面的经营预算肯定不可行。

在制定现金预算之前先要设定几个重要假设。

• 应收款的假设。企业的现金流入主要就是销售收入。如果所有的销售都是现金买卖（如零售），则事情就简单了，每个月的现金流入基本上等于销售收入。但是，如果大部分的销售是赊账的，那么企业的管理者需要掌握应收款收回的规律，用以设定现金流入的假设。一种比较常用的假设是每个月的销售额有多少比例是在本月收回，多少比例是在下月收回，多少比例在下下月收回……

• 应付款的假设。这是企业的主要现金流出。应付款的假设方法与应收款的假设方法基本相同。

• 应计费用。这也是企业的主要现金流出。应计费用的假设方法比较简单，一般不是当月发生当月付就是当月发生下月付。

有了这些假设，企业就可以编制现金预算，它的最终目的是预测未来的现金是否充足。如果现金将在某个期间发生过剩，企业管理者就要考虑如何将这些过剩现金进行短期投资；如果现金在某个期间发生短缺，企业管理者就要预先做好融资的准备。在目前国内短期融资途径单一的情况下，做好这项工作就显得尤其重要。让我们看以下的案例，学习一下如何编制现金预算。

案例

M公司正在编制现金预算，以下是公司财务所设定的假设。

● 月度销售额：十二月份至次年三月份分别为 200 000 美元，200 000 美元，300 000 美元和 400 000 美元。

● 所有的销售均为赊销，在销售的当月收回 50%，销售的下一个月收回剩下的 50%。

● 采购金额为下个月销售额的 60%，采购款项在采购的下一个月全部支付。

● 发生的其他费用：一月份至三月份分别为 80 000 美元，100 000 美元和 120 000 美元。这些费用全部在当月支付。

● 一月份的期初现金余额为 20 000 美元，并且公司要求现金余额最少维持在 10 000 美元。

资料来源：美国注册管理会计师 CMA 考题。

我们先做一个应收款现金流入的计划表。

表 4-10   单位：美元

应收款现金流入计划表				
	十二月	一月	二月	三月
销售收入	200 000	200 000	300 000	400 000
从当月销售收回现金	100 000	100 000	150 000	200 000
从上月销售收回现金	—	100 000	100 000	150 000
总现金流入	—	200 000	250 000	350 000

接下来再做一个应付款现金流出的计划表。

表 4-11　　　　　　　　　　　　　　　　　　　　　　　　　　　　单位：美元

应付款现金流出计划表				
	十二月	一月	二月	三月
销售收入	200 000	200 000	300 000	400 000
采购金额	120 000	160 000	240 000	—
应付款的现金流出	—	120 000	160 000	240 000

最后，我们可以做现金预算。

表 4-12　　　　　　　　　　　　　　　　　　　　　　　　　　　　单位：美元

现金预算			
	一月	二月	三月
期初现金余额	20 000	20 000	10 000
现金流入	200 000	250 000	350 000
现金流出（应付）	120 000	160 000	240 000
现金流出（其他）	80 000	100 000	120 000
期末现金余额	20 000	10 000	0
期望期末现金余额	10 000	10 000	10 000
多余（不足）	10 000	0	(10 000)

从以上的现金预算中可以发现，M 公司将在三月份出现 10 000 美元的现金不足，需要进行短期融资。

三、企业"庙算"（三）——本量利分析

预算的精妙之处在于它的逻辑架构。由于预算中的数字与数字之间都是用

数学函数联系起来的，因此它就像一个模拟器，可以用来进行各种情况的推演。这个被称为"假如……怎样"（What – If）分析。企业管理者用 Excel 或更复杂的财务软件都可以架构这样的模拟体系。

预算上几乎所有的数值本来就是预先设定的，而不是实际发生的，因此企业管理者完全可以假设不同情况，制定不同的方案，然后从中找到最满意或最现实的方案来执行。由于数字之间都有逻辑关系，因此只要改变几个数字，其他数字也会自动改变，最终的结果也会自动改变。整个模拟过程非常简单和经济，而其价值是帮助企业管理者制定正确的决策，避免决策不当所造成的损失。企业管理者何乐而不为？

以下给大家介绍一种简单而实用的工具——本量利分析。

（一）本量利分析的基本假设

本量利分析就是简化版的预算，它检验了产品销售价格、销售数量、单位变动成本、总固定成本以及经营利润之间的互动关系。本量利分析模型建立在以下的假设基础上：

- 总成本可以分为变动成本和固定成本。
- 总销售收入和总成本与产出数量有线性关系。
- 单位变动成本与总固定成本在相关范围内保持不变。
- 销售数量等于生产数量。
- 一种产品或比例固定的多种产品。
- 各种因素都是确定的。

这些假设可以用图 4 – 2 来表示。从图 4 – 2 中我们可以看到，所有线都是直线。固定成本是一根平行线，说明总固定成本是不变的。总成本线的斜率是单位变动成本，是不变的。销售收入线的斜率是单位销售价格，也是不变的。

这些假设使得这种分析变得非常简捷、方便，而且由于这些假设基本符合实际情况，因此也使得这种分析具有非常广泛的应用。

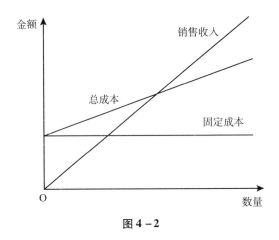

图 4 - 2

（二）本量利分析——盈亏平衡点

本量利分析的主要应用是分析一个业务的盈亏平衡点（俗称保本点）。企业管理者可以用它来衡量一个业务的经营风险和盈利前景。计算盈亏平衡点的方法有两种，一是图表法，二是公式法。

图表法（见图4-3）可以在坐标纸上按比例画出这些直线，总成本线与销售收入线所交的点就是盈亏平衡点。这样，从图4-3中可以得到近似的盈亏平衡数量和金额。

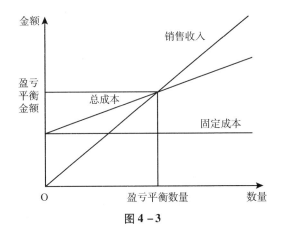

图 4 - 3

公式法就是用以下的逻辑公式来进行计算盈亏平衡点。

销售数量×销售单价－销售数量×单位变动成本－固定成本＝经营利润

盈亏平衡点指的是经营利润为零时的情况，因此：

盈亏平衡点数量＝固定成本/（销售单价－单位变动成本）

固定成本占总成本的比例越高，业务的盈亏平衡点就越高，也越容易产生亏损；但是一旦过了盈亏平衡点，就能赚取更高的利润。这种情况称为经营风险高。

如果企业管理者要分析某个目标利润下的销售数量或金额，那么只要用以下的公式计算即可：

目标利润的销售数量＝（固定成本＋目标利润）/（销售单价－单位变动成本）

（三）本量利分析的其他应用

本量利分析可以说是一种"本小利大"的管理工具。它不仅可以帮助企业管理者衡量某个业务的整体经营风险和盈利前景，而且可以针对具体的经营决策进行分析。

在衡量整体经营风险和盈利前景方面，本量利分析可以让企业管理者知道业务的盈亏平衡点（俗称保本点）在哪里，或者要实现目标利润需要做多少销售额。这也是本量利分析最简单和最通常的作用。盈亏平衡点越高，业务的经营风险越大。

针对具体的经营决策，本量利分析可以帮助企业管理者进一步思考以下各种经营选择，以找到最佳的经营方案。

● 提高或降低价格。企业提高价格的原因当然是为了提高边际贡献率，这样可以使保本点降低，利润上升。但是销售价格提高了，销售数量自然会下降。企业管理者要分析销售价格和销售数量之间的互动关系，经济学上称为需求弹性，通俗地说就是顾客对价格的敏感度。顾客如果对产品价格敏感，涨价很可能得不偿失，而降价反而是更好的选择。

● 增加或降低变动成本。变动成本的变化和产品价格的变化一起直接影响边际贡献，进而影响保本点和盈利能力。变动成本与产品的品质标准有一定的关系，进而影响产品的价格。

● 增加或降低固定成本。企业管理者往往用增加固定成本来提升销售额，或者降低变动成本，因此需要衡量这样做是否值得。

● 是否引进新产品。企业管理者首先要看新增产品是否利用现有的产能，或者是否产生新的固定成本。如果新增产品会导致增加产能，或增加固定成本的话，那么它本身的盈利能力要单独衡量。此外还要衡量新老产品之间相互替代或互补的影响。

● 是否拓展新的市场。企业管理者首先要看开拓新市场是否利用现有的产能，或者是否产生新的固定成本。如果开拓新市场会导致增加产能，或增加固定成本的话，那么它本身的盈利能力要单独衡量。

● 是否存在产能的瓶颈。企业管理者要警惕是否存在原材料、员工、设备或其他资源的约束。如果某个约束因素无法满足目标生产量或销售量，那么整个经营方案则是不可行的。

● 是变动成本还是固定成本。企业管理者要分析某个作业是变动成本（如按件计酬）还是固定成本（如固定薪酬）更加有利。

● 自己制造还是外部采购。企业管理者要分析某个产品是自己生产还是外部采购更加有利。这个在"战略与决策"篇中做了阐述。

企业管理者可以单独分析各种情况，但是更要注意各种情况之间的相互影响。比如，企业管理者在考虑降低价格，以增加销售量的时候，要同时考虑产能的约束问题。

（四）案例分析——盒饭生意

接下来用一个简单的案例来演示本量利分析的应用。

范先生曾经在一家私营企业做行政工作，最近他辞了职，自己投资了 100 000 元，做起了盒饭生意。

盒饭业务的主要顾客为写字楼里的上班族。盒饭的价格定位在中档水平。盒饭的平均价格定在每份 18 元。每份盒饭的成本数据如下：

● 每份盒饭的米、菜、汤以及饭盒和筷子的总成本是 8 元。素菜、米饭、汤是自己做的，荤菜、饭盒、筷子则是从外部供应商那里采购。

- 做盒饭的水、电、煤的成本与盒饭的份数成正比，核算下来每份为1元。
- 范先生全职经营自己的盒饭生意，并为自己设定的薪酬是5 000元；他还雇用了1名全职员工，负责接订单；1名兼职厨师，负责做饭。全职员工的薪酬是每月3 500元；兼职厨师的薪酬是每月2 000元。同时还雇用了2名负责送盒饭的临时工，临时工没有基本工资，每送一份盒饭可以得到2元钱的报酬。
- 租用的场地费用是每月2 000元。每月还有250元左右的电话费。
- 范先生还购买了电饭煲、冰箱等生产用品，总费用是9 000元，范先生认为可以将这笔费用可以分摊在3年里，这样每月的分摊费用是250元。
- 为了对公司的盒饭业务进行宣传，范先生决定每月都要花费1 000元的广告费用。这个费用包括产品介绍的资料以及分发资料的人工。

根据这个简单的案例，我们可以用Excel表来做一个简单的预算表（见图4-4）。

	A	B	C	D	E	F
1	盒饭业务预算表（月度）					
2		事项	金额（元）	百分比（%）	单价（元）	数量
3		销售收入	36 000	100	18	2 000
4	变动成本	盒饭成本	16 000	44.4	8	2 000
5		水电煤成本	2 000	5.6	1	2 000
6		送货成本	4 000	11.1	2	2 000
7		边际贡献	14 000	38.9	7	2 000
8	固定成本	全职员工	8 500	23.6		
9		兼职厨师	2 000	5.6		
10		租金、折旧	2 500	6.9		
11		营销费用	1 000	2.8		
12		经营利润	0	0		

图4-4

请关注以下的一些细节：

● 销售收入和变动成本的金额拆分为单价和数量，中间用函数连接，比如 C3 单元格中的函数是（ = E3 * F3）。

● 变动成本的数量与销售数量是相同的，这个用函数设置好，如 F4 单元格中的函数是（ = F3）。

● 固定成本与销售数量没有关系，简单处理的话可以不分为单价和数量。但是如果按照作业成本思想的话，那么就要为它们设定其他的成本动因（数量）。这个处理比较复杂，这里不做进一步阐述。

● 边际贡献等于销售收入减去所有变动成本。所以 C7 单元格的函数就是（ = C3 – C4 – C5 – C6）。

● 经营利润等于边际贡献减去所有的固定成本。所以 C12 单元格的函数就是（ = C7 – C8 – C9 – C10 – C11）。

● 百分比可以用来显示各项成本、边际贡献和经营利润与销售收入的关系。比如 D4 单元格的函数就是（ = C4/C3）

有了这张预算表，范先生就可以在上面做各种经营模拟分析，做出尽可能满意的决策。可以做的经营模拟分析包括：

● 盈亏平衡点分析。范先生可以在销售收入的数量（F3）栏中输入任何一个数量（如 1 000），他马上可以看到经营利润那里显示 – 3 750。这说明一个月卖 1 000 份盒饭是不够的。接着他可以尝试输入其他数量，一直到输入 1 540，这时候经营利润实现 30。这说明一个月卖 1 540 份盒饭差不多可以保本。

● 目标利润分析。如果范先生希望每月有 5 000 元的经营利润，那么他可以输入更大一点的数量，一直到输入 2 250，这时经营利润现实 5 000。

● 产能分析。范先生需要确认计划的产能是否可以完成每月 2 250 份盒饭的供应量。比如，2 名送盒饭的临时工是否足够。如果可能不够就要想好其他方案，如增加 1 名临时工，或者自己也去送盒饭。

● 价格分析。范先生想知道如果每份盒饭的价格提高到 18 元的话会怎么样，那么他可以将 E3 中的 15 改为 18，然后他发现只需要卖 1 580 份盒饭就能实现目标利润，保本点也降为 1 080。

● 变动成本分析。如果范先生发现盒饭按原来的质量标准卖 18 元将没有竞争优势，那么他可以考虑提高质量标准，并将盒饭成本设定在 7.5 元。这样他可以重新检验保本点和目标利润下的销售量。

- 固定成本分析。范先生考虑增加营销费用（如 1 000 元）来扩大销售量，那么他可以发现需要多卖多少份盒饭才是值得的。

四、差异分析体系

预算的价值并不仅仅在于它的计划职能，还在于它能帮助管理者进行控制，差异分析就是一种与预算有直接关系的、非常有价值的控制方法。

所谓差异分析就是将预算的情况与实际发生的情况进行比较，以发现不利差异（实际销售小于预算销售或实际成本大于预算成本）和有利差异（实际销售大于预算销售或实际成本小于预算成本）。比较显著的不利差异或有利差异可以引起企业管理者的重视，并促使他们采取行动，以实现以下的两个主要目的：

- 找到问题的相关责任人，使绩效考核得到落实。
- 找到问题的根源，使企业管理者和员工更好地改进以后的工作。

（一）绩效的分解

在讨论差异分析之前，我们先简单谈谈绩效分解的话题。它是绩效管理的核心技术。如果企业管理者不懂绩效分解，那么也就做不好绩效管理。绩效分解也没有什么高深的理论，主要靠企业管理者对经营业务的理解以及自己的逻辑能力。

绩效分解的意义也就是上面提到的两个目的。最重要的还是找到问题所在，以利于采取正确的应对措施。比如，一家麦当劳门店连续几个月销售业绩下降，但是销售额下降仅仅是个现象，将销售额进行拆解可以帮助我们进一步分析原因。销售额怎么拆都可以，关键看想知道什么问题。一种拆法是检查每个品种的销售数量，看看哪些产品的销售数量下降得比较显著。还有一种更好的拆法是检查订单（顾客）数量与平均客单价（顾客的平均购买金额）。这样门店经理就可以确定是顾客数量减少还是客单价减少还是两者都有导致了销售额的下降。原因不一样，要采取的措施当然也不一样。

一般来说，任何一个绩效（如销售额）总能拆解为一个量（如顾客数量）乘以一个率（如客单价），而分解出来的那个量和率还可以继续分解。

销售额可以先拆为产品销售数量乘以产品单价，这是一般常识了。销售数量还可以继续分解为：

- 该产品的市场需求总量（简称量）乘以该产品的市场占有率。这种拆解比较理论化，关键看能否获得相应的数据。
- 产品总量乘以不同产品所占的比重。这种分解法用于销售数量由多种产品所组成。这个方法将在后文做详细阐述。

成本也是先拆为资源消耗的数量乘以资源的单位价格。资源消耗的数量可以继续分解为资源总量乘以不同资源所占的比重。这种分解用于消耗的资源由多种具有一定替代作用的资源所组成。这个方法也将在后文做详细阐述。

当一个绩效被拆成一个量乘以一个率后，企业管理者一定可以事先设定预算量和预算率，并在事后获得实际量和实际率，这样就可以进行各种类型的差异分析了。

（二）弹性预算概念

做差异分析的第一步就是要做弹性预算（flexible budget）。我们通过以下的例子来理解为什么要做弹性预算。

表4-13中的第三列是年初制定的预算，第二列是年底的实际结果。从这张表中我们可以发现，预算的销售数量是100个，但是实际销售了80个。销售收入有120元的不利差异，变动成本有60元的有利差异，固定成本有10元的有利差异，经营利润有50元不利差异。这样的比较能说明什么问题吗？可以说明几点，第一实际销售量没有达到目标；第二实际利润也没有达到目标。但是其他的结论就很难看出来了。而且这样的比较存在一个问题：将80个产品的成本与100个产品的成本进行比较显然是不合理的。

表 4 – 13

	实际	预算	差异
销售数量	80	100	20
销售收入（元）	880	1 000	120（不利）
变动成本（元）	440	500	60（有利）
固定成本（元）	290	300	10（有利）
经营利润（元）	150	200	50（不利）

　　我们可以用弹性预算来解决这个问题。所谓弹性预算就是用实际的销售数量，并按照当初编制预算的假设，重新编制预算，就像我们在年初编制预算的时候已经知道了这个销售数量一样。上文曾经强调在做预算时必须将金额拆分为数量与单价，这样做的意义就是为了更好地体现预算的假设，为以后制定弹性预算做好准备。

　　从年初的预算中可以看到，预算的销售单价是 10 元（1 000/100）；单位变动成本是 5 元（500/100）；固定成本与销售数量没有关系，因此仍然是 300元。根据这些假设就可以做出表 4 – 14 的弹性预算，原来的预算称为静态预算。

表 4 – 14

	实际结果	弹性预算	弹性预算差异	静态预算	销售量差异
销售数量	80	80	0	100	20 不利
销售收入（元）	880	800	80 有利	1 000	200 不利
变动成本（元）	440	400	40 不利	500	100 有利
固定成本（元）	290	300	10 有利	300	0
经营利润（元）	150	100	50 有利	200	100 不利

　　从表 4 – 14 可以看到，弹性预算差异是实际结果与弹性预算之间的差异，它可以用于产品价格差异分析和成本差异分析。由于实际结果和弹性预算都是在相同的产出水平下进行成本比较，因此这样的比较成本才是有意义的。销售量差异就是弹性预算与静态预算之间的差异，它可以用于销售差异分析。弹性

预算差异与销售量差异之和就是表4-14中的那个差异，称之为总差异。

（三）直接成本差异分析

直接成本差异分析主要分析直接材料和直接人工的差异。这两个差异又可以分为价格差异和效率差异。价格差异是因为直接材料或直接人工的实际价格与预算价格之间不同而导致的，而效率差异是因为直接材料和直接人工的实际使用量与预算使用量不同而导致的。

很显然，价格差异与效率差异的性质不一样，承担责任的部门也不一样。价格差异应该由资源的采购部门负责，而效率差异则应该由资源的使用部门负责。虽然这两个差异的性质不同，但是它们之间却相互影响。比如，采购部门片面追求低价格而采购了低质量的直接材料，这会导致使用部门多耗费直接材料或直接人工，因而产生不利的效率差异。

直接成本的价格差异的计算公式如下所示：

$$价格差异 = （实际价格 - 预算价格） \times 实际使用量$$

直接成本的效率差异的计算公式如下所示：

$$效率差异 = （实际使用量 - 预算使用量） \times 预算价格$$

接下来用一个案例来做演示。

案例

A公司生产一种玻璃钢产品，其生产预算上的标准成本是每个产品消耗12公斤树脂，每公斤树脂50元，同时每个产品消耗直接人工5.5小时，每小时工资25元。

A公司在当期生产了10 000个产品。共消耗树脂122 000公斤，直接人工54 000小时；树脂的平均采购价是49元，直接人工的平均工资28元。计算直接材料和直接人工的价格差异和效率差异。

计算的步骤如下：

直接材料的价格差异 = （49 - 50） × 122 000 = 122 000 有利

直接材料的效率差异 = （122 000 - 120 000） × 50 = 100 000 不利

直接人工的价格差异 = (28 − 25) × 55 000 = 165 000 不利

直接人工的效率差异 = (54 000 − 55 000) × 24 = 24 000 有利

很多产品或服务会使用多种有一定替代作用的直接材料或直接人工。比如网球的生产会使用一定比例的天然橡胶或合成橡胶，这两种材料有一定替代作用，也就是说生产部门可以出于某种考虑（如成本压力）多使用一点合成橡胶而少使用一点天然橡胶。

在这种情况下，效率差异可以继续分解为组合差异和产出差异。所谓组合差异就是实际配比与标准配比的不同所导致的成本差异；而产出差异则是实际总量与标准总量的不同所导致的成本差异。这两个差异的分析可以帮助企业管理者更好地规划和控制资源的配比，在确保质量的前提下尽量降低成本。

接下来通过一个案例来解释组合差异和产出差异的计算步骤。

案例

A 公司生产玻璃钢产品。它的直接人工分为初级工和高级工，这两个工种在某些工序上可以相互替代。

A 公司的生产预算设定使用 20 000 小时的高级工和 30 000 小时的初级工。高级工的标准工资为每小时 33 元，初级工的工资为每小时 21 元。

A 公司实际使用了 18 000 小时的高级工和 36 000 小时的初期工。计算直接人工的组合差异与产出差异的。

计算的步骤如下：

第一项：实际总量 × 实际配比 × 预算单位工资

高级工：54 000 × 1/3 × 33 = 594 000

初级工：54 000 × 2/3 × 21 = 756 000

合计　　　　　　　　　　1 350 000

第二项：实际总量 × 预算配比 × 预算单位工资

高级工：54 000 × 0.4 × 33 = 712 800

初级工：54 000 × 0.6 × 21 = 680 400

合计　　　　　　　　　　1 393 200

第三项：预算总量 × 预算配比 × 预算单位工资

高级工：50 000 × 0.4 × 33 = 660 000

初级工：50 000 × 0.6 × 21 = 630 000

合计　　　　　　　　　　1 290 000

直接人工的组合差异 = 第一项合计 – 第二项合计

　　　　　　　　　 = 1 350 000 – 1 393 000 = 43 000 有利

直接人工的产出差异 = 第二项合计 – 第三项合计

　　　　　　　　　 = 1 393 000 – 1 290 000 = 103 000 不利

效率差异 = 组合差异 + 产出差异 = 60 000 不利

从以上的案例可以发现，公司用了更少比例的高级工和更多比例的初级工，最后效率差异是不利的。

（四）销售量差异分析

弹性预算与静态预算的差异就是销售量差异。之前讨论的弹性预算差异主要分析产品价格和成本因素的差异，而销售量差异顾名思义就是分析销售因素的差异。它的计算公式如下：

销售量差异 = (实际销售量 – 预算销售量) × 预算单位边际贡献

当销售收入是由单位边际贡献不同的产品所组成时，则可以进一步做销售组合差异分析。做这项分析的意义在于企业管理者希望销售部门不仅仅多销售产品，而且要多销售高边际贡献（或者称为高附加值）的产品。

接下来通过一个案例来解释销售组合差异计算步骤。

案例

Z 公司生产网球和壁球两种产品。网球的预算单位边际贡献是每罐 30 元，壁球的预算单位边际贡献是每罐 40 元。公司预计各销售 100 000 罐网球和 100 000 罐壁球，而实际销售了 120 000 罐网球和 90 000 罐壁球。计算销售组合差异。

计算的步骤如下：

第一项：实际总量 × 实际配比 × 预算单位边际贡献

网球：210 000 × 4/7 × 30 = 3 600 000

壁球：210 000 × 3/7 × 40 = 3 600 000

合计　　　　　　　　　　 7 200 000

第二项：实际总量 × 预算配比 × 预算单位边际贡献

网球：210 000 × 1/2 × 30 = 3 150 000

壁球：210 000 × 1/2 × 40 = 4 200 000

合计　　　　　　　　　　 7 350 000

销售组合差异 = 第一项合计 - 第二项合计

　　　　　 = 7 200 000 - 7 350 000 = 150 000 不利

从以上的案例可以发现，由于公司实际销售壁球的比例要小于预算销售的比例，而且壁球的单位边际贡献更高，因此公司有 150 000 元的不利差异。

五、分部业绩的衡量

企业的分部（segment）指的是可以独立经营的业务部门。常见的分部有以下几种形式：

- 一种或一类产品。
- 连锁超市、餐饮、影城等零售业态的单个门店。
- 分散在各地的从事经营活动的分支机构。
- 单个顾客或顾客群。

企业需要单独衡量这些分部的盈利能力，这样企业管理者才能根据分部的盈利情况作出继续营业或关闭分部的决策，这个决策对企业提高整体盈利能力具有非常重要的意义。

在讲解分部业绩衡量之前，有必要先介绍一下管理会计报表和财务会计报表的区别。

（一）管理会计报表和财务会计报表

国内的财务人员都知道财务会计报告，但很少有人知道管理会计报告。而美国、日本的企业一般都会做这两种报表。财务会计报表是对外披露用的，而管理会计报告则用于内部管理。我国的企业也有所谓"两张报表"的说法，一张报表相对比较真实，给老板自己看的，还有一张报表则是应付税务局的。

财务会计报表与管理会计报表在格式和思维方式上有很大的不同。财务会计报表主要用于回顾历史，而管理会计报表则用于展望未来。财务会计报表强调收入与成本在时间上的匹配，而管理会计报表则强调收入与成本之间的逻辑关系。财务会计报表将企业的所有业务综合在一张表里，基本上就是"一锅粥"，而管理会计报表则是体现单个分部的经营细节。因此，管理会计报告可以用于支持经营决策，而财务会计报表则不行。企业管理者要能够衡量分部的业绩则必须掌握管理会计报告。

以下是管理会计报表与财务会计报表在编制方法上的主要区别：

• 财务会计报表一般体现历史的和实际的数字；而管理会计报告上的数字可以是预测的，也可以是实际的。分析预测与实际的差别是管理会计报告的目的主要之一。

• 管理会计报告上的数字可以是一个总额，也可以拆分为数量乘以单价，以显示出成本动因。而财务会计报表一般只写总额。

• 管理会计报告中的成本分为变动成本和固定成本，销售收入先减去变动成本得到边际贡献，边际贡献再减去固定成本得到营运收益（operating income）。而财务会计报告中的成本分为产品成本和期间成本，销售收入减去产品成本得到毛利，毛利减去期间费用得到息税前收益。

• 管理会计报告中的固定成本还可以分为直接成本和间接成本。它们还可以分为可控成本和不可控成本，而财务会计报表中没有这个概念。

• 财务会计报表还有减去利息和所得税，而管理会计报表不考虑利息和税的问题。

表4-15是管理会计报表的典型格式。表4-16是财务会计报表的典型格式。

表 4 – 15 管理会计报告

销售收入	金额	单价	数量
– 变动成本			
= 边际贡献			
– 直接成本（可控）			
= 部门可控贡献			
– 直接成本（不可控）			
= 部门贡献			
– 间接成本（可控）			
= 部门可控收益			
– 间接成本（不可控）			
= 营运收益			

表 4 – 16 财务会计报表

销售收入	金额
– 产品销售成本	
= 毛利	
– 期间费用	
= 息税前收益	
– 利息	
– 税前收益	
– 所得税	
= 净利润	

（二）产品盈利能力的衡量

一个企业往往会拥有很多产品，而像苹果公司那样每个产品都能大卖的情况则非常罕见，绝大部分的情况是这类产品比较赚钱，而那类产品却不赚钱，甚至赔钱。这本是正常现象，但问题是企业管理者是否知道自己家里哪些产品赚钱，哪些产品不赚钱吗？彼得·德鲁克就曾经批评美国企业管理者不了解自家产品盈利状况的现象。我国的企业可能在这方面做得更差。

企业管理者不了解某种产品的盈利能力，自然也就不能做出相应的决策。赔钱产品的长期存在会蚕食企业的宝贵资源，严重影响其他更有市场前景的产品的发展，最终恶化企业的整体盈利能力。

产品的盈利能力必须运用管理会计报表来进行。表4-17演示了具体的计算方法。

表 4 – 17

		产品 A	产品 B	产品 C
销售收入		1 850 000	1 790 000	1 210 000
变动成本	制造成本	885 000	936 000	611 000
	销售成本	185 000	179 000	121 000
边际贡献		780 000	675 000	478 000
直接成本	固定制造成本	352 000	349 000	302 000
	固定销售成本	273 000	270 000	196 000
产品贡献		155 000	56 000	– 20 000
分配的间接成本		73 000	73 000	73 000
经营利润		82 000	– 17 000	– 93 000

在以上的案例中我们看到，产品 A 的产品贡献和经营利润都是正的；产品 B 的产品贡献是正的，经营利润是负的；产品 C 的产品贡献和经营利润都是负。由于分配的间接成本总是要发生的，因此我们在做决策时要看产品贡献，而不是经营利润。A 产品和 B 产品的产品贡献是正的，因而短期可以继续经营；而 C 产品的产品贡献是负的，如果短期不能扭转的话，就要停止经营。

除了产品是否继续经营的决策之外，企业管理者还可以分析产品的边际贡献率（边际贡献除以销售收入），以及各项直接固定成本。看看可以采取什么措施来提高产品的贡献。

门店和分支机构盈利能力的衡量方法与产品盈利能力的衡量方法非常相

似，这里就不再赘述。

（三）顾客盈利能力的衡量

"顾客是上帝"是企业管理者经常在嘴边挂着的一句话。嘴上这样说，心里到底怎么想的就很难说了。其实这句话本来就是似是而非的。不是所有的顾客都是上帝，只有让你赚钱的顾客才是！

企业很有必要去衡量哪些顾客是让自己赚钱的，哪些是让自己赔钱的，只有这样企业才可以确定应该如何去维护自己的顾客。美国有家奶制品连锁超市的老板曾经算过一笔账：一个顾客平均每周来购物一次，每次平均购物 100 美元，在当地平均生活 10 年。那么一个顾客终身给自己的超市带来的收入是 50 000 美元。如果超市的产品平均有 40% 的毛利，那么带来的毛利是 20 000 美元。于是，他就在超市的墙上贴上这样的标语：

- 第一条：顾客永远是对的；
- 第二条：如果顾客是错的，请参见第一条。

现在这个标语在不少企业的墙上可以看到，也还有人在谈论"顾客永远是对的"这句话是否正确。这种讨论非常无聊，说明根本不懂这句话的内涵。这本是西方发达国家企业管理者的一种商业判断：

- 无理取闹的顾客一定是极少数的，对顾客让步会让他们感动，而不是得寸进尺。

- 对一些顾客的无理要求做出让步，有利于树立良好的品牌形象，提升顾客忠诚度。从财务上看，这样做的收益一定大于成本。

西方企业的管理者的确做了这方面的统计和研究，并发现事实的确如此。我国的企业领导者也应该针对自家的实际情况形成自己的商业判断，并制定出维护好顾客的具体措施，而不要去纠结这种模棱两可的理念。

顾客营利性的衡量可以分为收入衡量和成本衡量。收入衡量要综合考虑发票金额、数量折扣、付款折扣、退货、年终返利等各种因素，最终结果应该是企业从顾客那里得到的净收入。

顾客成本的衡量要更加复杂一些。参照前文提到的作业成本法，它可以分为以下的五个层次。

- 产品单位层。这个成本与销售数量成正比。销售佣金、运费等属于这个层次的成本。

- 批次层。这个成本与顾客下订单的次数成正比。订单处理成本、发票成本等属于这个层次的成本。

- 服务维持层。这个成本与顾客的数量成正比。销售费用、每月的对账单、收款费用等属于这个层次的成本。

- 销售渠道层。这个成本与销售渠道的数量成正比。区域中转仓的经营成本、分销中心和零售网店属于这个层次的成本。

- 销售维持层。这个成本与以上的成本动因都没有关系。支持销售工作的一般行政费用属于这个层次的成本。

六、流动资产的管理

如果一个企业仅仅发生财务亏损，那么它一般不会在短期内倒闭。但如果它不能支付到期的债务时，它就很有可能马上倒闭。在一些法律制度非常健全并且高度重视企业信用的国家里，很难想象一个不能按时支付员工工资、不能归还到期银行贷款或不能支付到期供应商货款的企业还能继续经营下去。因此，西方国家的企业管理者非常重视企业短期流动性的管理，以避免因不能支付短期债务而破产的情况发生。

短期流动性的管理可以分为以下两个主要问题：

- 营运资本的充足性。它是指一个企业投入的净营运资本（流动资产与流动负债的差）的金额大小。这是一个需要取舍的问题：企业投入净营运资本越少，则其发生流动性问题的风险就会越大；企业投入净营运资本越多，则其资本收益率就会越低。企业到底要投入多少净营运资本取决于企业管理者的偏好（所谓保守、温和或激进）、行业的特点、管理水平等因素。

- 经营活动的效率。它是指一个企业将应收账款和存货转换为现金的能力。企业先将现金变成存货（原材料和产品），产品销售后变成应收账款，最后应收账款又变成现金。这个过程称为经营周期。企业管理者应该努力缩短经营周期，因为这样可以减少营运资本的投入，提高资产回报率。

营运资本的管理包括对现金、应收账款和存货的管理。现金管理的关键在于做好现金预算，并且做好在现金不足时融资和在现金多余时投资的准备。关于现金预算的问题已经在上文中谈过，这里主要谈谈应收账款和存货的管理。

（一）应收账款的管理

企业拥有应收账款的目的主要是为了促进销售业务的开展。当然有些企业的应收账款本身还可以带来利息收入，比如汽车制造企业的分期付款政策。但是应收账款也会给企业带来坏账的风险，并且占用企业的财务资源。因此，企业管理者在应收账款问题上的心态往往很纠结，管理措施时松时紧，摇摆不定。

解决这个问题的关键在于企业管理者要找到一个最优的销售信用政策，比如，信用天数是 30 天、45 天、60 天还是 90 天才是最优的？制定这个决策需要考虑的因素有以下这些：

- 边际贡献。越宽松的信用政策一般会导致越多的边际贡献。
- 利息收入。如果应收账款可以产生利息收入的话，那么越宽松的信用政策就可以产生越多的利息收入。
- 资本成本。越宽松的信用政策会占用越多的流动资金，产生越多的资本成本。
- 坏账成本。越宽松的信用政策会导致越多的坏账成本。
- 收账成本。越宽松的信用政策会导致越多的收账成本。

表 4 - 18 的案例描述了计算最优信用政策的具体方法。我们可以设定一个最严的信用政策（比如 30 天）下的所有因素为零，然后预测在 45 天、60 天和 90 天的信用政策下这些因素分别会比 30 天增加多少，最后就可以算出四种信用政策下的财务结果，并找到财务结果最优的那个信用政策（此案例中为45 天）。

表 4 – 18

	30 天	45 天	60 天	90 天
＋边际贡献	0	100	160	200
＋利息收入	0	0	0	50
－资本成本	0	50	100	200
－坏账成本	0	10	20	30
－收账成本	0	10	20	30
合计	0	30	20	－10

企业管理者设定了最优的信用政策之后，接下来就要控制企业的应收账款水平与最优的信用政策（如以上案例的 45 天）保持一致。应收账款的实际水平可以用以下的公式进行计算：

$$应收账款天数 = 360 天/应收账款周转率$$

$$应收账款周转率 = 年销售收入/平均应收账款额$$

如果企业管理者发现应收账款天数超过了 45 天，那么就应该催促销售部门加紧收款，哪怕这样做会暂时影响销售收入。如果发现应收款天数低于 45 天，那么就可以适当放松信用，以促进销售收入的增长。

（二）存货的管理

企业持有存货的主要目的是为短期内产品供给与市场需求之间的不匹配提供缓冲，但是持有存货的代价是非常昂贵的。因此，现代的企业经营和管理思想都快把存货当"公敌"了，减少甚至消灭存货成了一致的方向和行动。当然对于目前绝大多数企业来说，彻底消除存货还只是一个理念，但管理好存货，并努力降低存货水平还是可以做到的。

存货水平由两个因素组成，即每次订货量和安全存货。安全存货就是为了防止断货而设定的缓冲存货。订货量和安全存货之间没有什么关联，需要分别设定。

设定订货量时要考虑以下两个因素：

● 订货成本。这个成本包括采购人员的工资、采购设施的成本、通信费用、采购单的材料费用等。

● 储存成本。这个成本包括保存货物的场地、人员、保险等费用，占压的资金成本，以及存货本身发生过时和变质的风险。

这两个成本之间存在反比的关系。订货量越低，订货次数就越多，订货成本就越高，但储存成本就越低。反之则订货成本越低，储存成本越高。因此，企业管理者在设定最优订货量时要权衡这两个成本。表4－19的案例描述了计算最佳订货量的方法。从案例中可以看到当企业的每次订货量在300个时，其订货成本与储存成本之和是最小的。

表 4－19

每次订货量	100	200	300	400	500	600	700
储存成本	100	200	300	400	500	600	700
订货成本	1 000	500	333	250	200	167	143
总成本	1 100	700	633	650	700	767	843

当企业快要用完现有存货时，就需要再次订货。那么，应该在库存达到什么水平时再订货呢？最理想的情况就是在新的货送到的时候，以前的库存正好用完。因此理论上讲，下订单时存货量的水平等于存货的平均每天消耗量乘以前置时间。所谓前置时间就是下订单日到货到达日之间的天数。比如，企业管理者估计存货的平均每天消耗量是100个，前置时间是6天，那么当存货水平达到600个时，企业就要再订货了。

但问题是存货的每天消耗量和前置时间都可能会波动，比如由于某些原因，存货平均每天消耗120个，7天才到货。这样就会造成手上的存货已经用完而新货还未到来的情况，这称为断货现象。断货会导致销售损失、商誉损失、生产中断等经济后果。为了防止断货现象的发生，那么企业就不得不在现有存货水平更高的情况下下订单。比如，企业会在存货还有900个的时候订货，这样300个存货就是安全存货。

由此可见，安全存货的设定应该考虑以下三个因素：

- 平均每天消耗量的波动大小。波动越大，要求的安全存货的数量就越大。

- 前置时间的波动大小。波动越大，要求的安全存货的数量也越大。

- 断货的经济后果大小。断货的经济后果越大，要求的安全存货的数量也就越大。

■ 第五章

财务与激励

企业领导者是否认为企业的成功只要依靠少数几个管理层精英？是否认为惩罚员工可以让他们做得更好？是否认为企业与员工之间仅仅是雇用与被雇用的关系？如果还在这样认为，那么他/她的管理理念落后了100年！

引文：秦国的"锐士"

战国时期，齐国的士兵被称为"技击"，魏国的士兵被称为"武卒"，秦国的士兵被称为"锐士"。但是"齐之技击，不可遇魏之武卒；魏之武卒，不可敌秦之锐士"。

虽然齐国的士兵精于战场上的格杀之术（这就是被称为"技击"的原因），但是"技击"们的社会地位低下；有了战功，也只能得到非常可怜的赏赐。因此，齐国士兵的战斗力十分有限。

魏国的"武卒"是通过极其严格选拔的士兵。成为武卒的士兵家庭可以免除徭役和宅田税，退役后依然可以享受这样的待遇。但是，魏国选拔的武卒数量越多，魏国的国力就越弱，最终这种制度难以为继。

秦国的士兵每杀敌一人（首级为证）则"赐爵一级"，每赐一爵就可以获得相应的田宅赏赐，赐爵越多，赏赐也就越丰厚。因此，秦国士兵打起仗来都是奋勇杀敌而耻于逃跑，兵锋所向，无坚不摧，因而被称为"锐士"。秦国的士兵胜仗打得越多，秦国获得的土地也就越多，也就越有能力去招募和赏赐士兵，这样就形成了良性循环，最终统一中国。

士兵战斗力强的军队必然打败士兵战斗力弱的军队。员工士气高涨的企业一定打败员工士气低落的企业。

企业领导者难道不希望自己的员工具有强大的战斗力吗？如果仅仅用雇用和被雇用的关系来看待员工，如果只想着自己赚钱而不让员让工赚钱，那么这种希望只能是镜花水月。

　　企业领导者应该制定简洁而有效的激励制度，让员工士气高涨，尽情发挥和提高自己的能力，既为企业创造更多的价值，同时也为自己获得丰厚的物质与精神财富。

一、人力资源的三个 "H"

我们企业现在都把员工称为"人力资源"。嘴上叫着好听，但心里是否真把员工当资源了呢？企业既然花钱获得了这个资源，就应该尽量利用好这个资源。而企业管理者要利用好这个资源，那么首先就要了解这个资源。

员工这个资源与钱、土地，以及其他所有资源都不一样。其他资源的价值是固定的，但是员工这个资源的价值有很大的可塑性。秦末时，陈胜、吴广起义，很快军队就发展到几十万人。秦国那时已无军队可派，无奈之下只能将正在修骊山墓的十万名六国战俘废除了奴隶身份，变成秦国的士兵。就是这支部队很快就消灭了陈胜、吴广的几十万军队。张瑞敏曾经提到过他当初刚接手濒临破产的青岛电冰箱厂（海尔的前身）的情形：那时候的员工会在厂里随地大小便的！也就是这样的员工在张瑞敏的领导下逐步变成了能遵守企业规章制度，能够生产"零缺陷"产品，能够自觉地降低成本，并且能不断改善自己工作的员工。

让我们看看员工资源到底拥有什么？为什么他们会有如此大的价值潜力？一个正常的员工应该拥有三个 "H"：Hand（手），Head（脑）和 Heart（心）。有的企业连员工的"手"都没有用好，而有的企业能充分利用员工的手、脑和心，自然员工所创造的价值会天差地别。很多企业给员工五六万的年薪都嫌高，但是华为和腾讯的员工平均年薪是超过了 50 万元！为什么会有这种差距？唯一的解释只能是华为、腾讯的员工所创造出来的平均价值一定远远超过了 50 万元，而很多企业员工所创造的平均价值连五、六万都没有。

企业领导人何必老想着如何控制员工的薪水和福利上呢？为什么不能把心思放在如何充分利用员工资源上呢。企业既然获得的是完整的员工，那么就应该把员工的手、脑和心都用上，否则就是白白浪费了资源。员工把手、脑和心都用上了，自然能为企业创造更多的价值，这样企业赚多了，员工也赚多了。这难道不是更明智的选择吗？

（一）让员工用"手"工作

让员工用"手"工作有以下两个重要内涵：

- 充分发挥员工的手、腿、眼、耳、鼻、口的功能。
- 让员工按标准做事。

首先，人身上的这些器官都是大自然赋予的天然工具，不去用它们实在太可惜了。在已经高度自动化的今天，用好这些天然工具也是非常有现实意义的。

一方面，人体感官的功能（如灵敏度、灵活度等）还是相当高的，完全可以满足很多情况下的要求。而使用它们要比使用机器设备省钱多了。日本企业非常重视利用人的感官功能，他们认为只要用人体感官就能容易做到事情就不需要使用机器设备。这一点与美国的情况正好相反。下面这个案例挺能说明日本企业在这方面的理念。

日本的一家温泉度假村的浴室里有两个浴池。有一天，浴室的一位管理人员发现其中一个浴池里一个人也没有，而另一个浴池里则挤满了人。于是这位管理人员就上去询问客人为什么挤在一个浴池里，而不去另外一个浴池。得到的回答是另一个浴池的水温太高了，人在水里根本待不住。这位管理人员觉得很奇怪：因为浴池的水温是由仪器自动控制的，而监控室的监测数据显示那个浴池的水温是正常的。后来浴室的技术人员调查后发现，原来那个浴池里的温度计坏了。于是，度假村的管理者就讨论如何杜绝以后发生类似的事情，其中有个非常简单而有效的措施：负责清洁卫生的员工每次在打扫浴室时都用手去测量一下水温。

在日本企业中大量使用的"目视管理法"也体现了这种理念。所谓目视管理就是用可视化的工具（如标志、卡片、不同颜色等）来进行信息沟通。比如，员工用不同的颜色来区分不同的润滑油和加油口，这样就可以避免员工错用润滑油。

另一方面，机器设备只能从事简单、重复以及劳动强度大的作业；而复杂、精巧和个性化的作业还是需要靠手工来完成。在西方发达国家的消费者眼里，用手工打造出来的产品才是高档产品或奢侈品，比如像高级时装、名表等产品。此外，很多的服务行业也是大量依靠手工操作。以下这个案例可以体现手艺的价值。

有一天，某国的驻法国大使夫人接到总统府的宴会邀请函。这个大使夫人发现自己缺一顶合适的帽子，于是就去一家高档百货商场购买。她在帽子柜台那里没有找到能与自己衣服相配的帽子。正在苦恼时，一位设计师走了过来，询问她需要什么帮助，大使夫人说自己需要一顶帽子，但是没找到合适的。这位设计师询问了大使夫人要穿的那套衣服的颜色和款式，然后想了想，便从柜台上找了一块丝巾，并用这块丝巾做了一个蝴蝶结。设计师把蝴蝶结戴在大使夫人的头上，然后引她到镜子那里看效果。大使夫人看了之后感觉很满意，打算买下来，于是就问这个设计师多少钱。设计师说200欧元。大使夫人吃了一惊，问为什么这条丝巾这么贵。设计师没有正面回答，他把蝴蝶结拆了，折叠好，再用一张纸包起来，然后递给大使夫人，说：这是送给你的，夫人。

爱德华·戴明在他著名的"十四条管理原则"中提到，让员工为自己的手艺感到自豪。西方发达国家都比较尊重有手艺的人，因而企业员工也愿意提高自己的手艺。这就是为什么瑞士、德国等国家能生产出如此高品质的产品。在日本企业里，年头越久的设备往往是最好使的设备。原因是员工能够不断改造这些设备，使设备越来越符合自己的要求，因而生产效率也就越来越高。他们甚至可以将自己的发明申请专利后再卖给设备的供应商。

但是在我国，手艺人从古至今没有得到过应有的尊重，他们创造了我国灿烂的物质文明甚至奇迹，但是在历史文籍中却几乎看不到他们的名字。近年来，企业招不到技术工人的现象非常严重。在一线工人的工资已经超过低级白领的情况下，年轻人还是不愿意做工人。这种状况的后果是我们产品的整体附加值低，卖不出好价钱。

虽然整个大环境不尽如人意，但是企业还是可以培养自己的技术工人的。为2008年奥运会的礼仪小姐设计服装的郭培女士当初在创业时就发现找不到合格的绣工。而没有合格的绣工，制作高级定制服装就是个空想。于是，郭女士就开始自己培养绣工，在生意不景气时仍然雇用她们，并帮助她们不断提高刺绣技艺。如果一个企业想做点档次的产品，那么它就一定要敢于花钱培养员工的手艺，创造一种为拥有好手艺而自豪的良好氛围，并激励员工用自己的手艺为企业创造价值，也为自己多挣钱。

但是，手工操作与机器操作相比的最大缺点就是不稳定，用眼睛或耳朵等器官做判断时会存在因人而异的差别。因此，企业领导人在重视员工拥有好手艺的同时，也要重视手工操作标准化的问题，以确保产品具有稳定的质量。以下的这个案例颇能说明这个道理。

肯德基刚进入中国市场那会儿生意十分火爆，很多国人对此很不服气：不就是个炸鸡块吗，你会做我也会做啊！于是上海有了一个叫荣华鸡的品牌，要跟肯德基 PK。没过几年，肯德基的门店数超过了上千家，而荣华鸡却消失了。为什么会这样？一个小细节很说明问题。如果你问荣华鸡的大师傅，鸡块怎样才算是炸好了。大师傅会告诉你：把鸡块炸成金黄色就算炸好了。于是乎，当吃荣华鸡的顾客抱怨鸡块炸老时，大师傅会振振有词地说：炸老的鸡块吃起来香呀。当又有顾客抱怨鸡块里还带血丝，显然没炸好时，大师傅又话锋一转：带血丝的鸡块嫩呀。大家说不过他，只好不再去了。肯德基不会用金黄色来定义炸好的鸡块。它用油的标准温度和油炸的标准时间来定义。

我国不缺高手艺的厨师，但却产生不了像肯德基、麦当劳这样的企业，主要原因就在于国人普遍缺乏标准化思想。战前的日本曾经也存在这个问题。比如，那时日本生产的战斗机普遍存在油箱漏油问题，因此，每架战斗机都需要经有手艺的机师调整后才能起飞。而美国生产的飞机就没有这个问题。随着战争对战斗机的消耗越来越大，以及有手艺的机师不断伤亡，日本的可用战斗机越来越少，以至于最后到了无机可用的地步。战后，日本企业在标准化上下了很大的功夫，同时也不抛弃发挥员工手艺的传统。两者的相得益彰使得日本企业不断地去实验—提高—标准化—再实验—再提高—再标准化，不断地提升产品的质量。

比如说，丰田汽车的工人给汽车安装座椅，操作是放上四个螺栓，然后用工具将其拧紧。每个工人必须要用标准的方式来放上和拧紧螺栓。那么员工可不可以改变操作方式呢？可以的。任何员工都可以提出新的操作方式。但前提是他必须先去做实验，以证明新的操作方式要比当前使用的操作方式更好。得到大家确认后，所有工人必须重新培训新的操作方式，以确保大家都能用正确的方式工作。

（二）让员工用"脑"工作

企业的员工——不管是管理者、工程师还是一线的工人、服务员、销售员，都不应该只是"几十年如一日"地机械般工作，而是应该要边工作边思考，不断提高自己的工作成效。这就是所谓的用"脑"工作。它可以体现在以下三个方面：

● 预防。能用"脑"工作的员工不会做"事后诸葛亮"，而是事先就把可能遇到的问题想清楚，并制定相应的措施来避免问题的产生。预防的思想在风险管理、质量管理和安全管理等方面都是最重要的思维方式。实践证明，在预防上投入的成本，要远远小于问题发生后所产生的损失，因此企业领导人不仅自己要有预防意识，同时要加强每个员工的预防意识。

● 改进。用"脑"工作的员工相信自己的工作总是可以提高的。他/她会持续地衡量自己工作的绩效水平，找到阻碍绩效提高的根本原因，并采取措施加以解决。改进的思想和实践适用于任何企业的任何经营与管理活动。企业领导人要重视培养员工不断改进工作水平的习惯和能力。

● 创新。用"脑"工作的员工不会墨守成规。他/她会敏锐地观察外部环境（如技术、消费者需求、法律法规等）的变化；能够反思那些习以为常的假设；敢于采用全新的方法，追求突破性的结果。但是，创新存在较大的风险，因此格外需要企业领导人的鼓励和支持。

这里的问题是企业领导人是否相信所有员工都有能力用"脑"工作？是否相信员工用"脑"工作能为企业带来巨大的收益？

以前美国制造企业的管理者认为只要他们自己能思考，一线工人只要在规定的时间里把活干完就行了，根本不需要思考什么问题。当然造成这种状况也是有原因的：企业管理者与一线工人的关系不融洽，一线工人都听工会的，而不是管理者的；企业管理者也懒得跟一线员工沟通。但在日本企业中，情况就大不相同了：所有员工基本上是终生雇佣，与企业管理者的关系比较融洽；更重要的是，日本企业认为一线员工更加了解自己的工作，因而鼓励一线员工改进自己的工作水平。美、日企业这种管理理念的差异导致了日本制造业全面赶超美国制造业。以丰田汽车为例，20世纪50年代的时候，丰田汽车1年的生产量都赶不上福特汽车1天的生产量。但是30年之后，丰田汽车就打得美国三大汽车满地找牙了；50年以后，丰田汽车在销售量上赶超美国三大汽车企业，成为行业老大；在利润上，丰田汽车一家赚的比美国三家加起来还多得多。难怪通用汽车的CEO会感慨地说：我们的确无法跟丰田汽车竞争，他们每年会产生100万个good ideas，而我们却没有。

我国的企业领导人也要相信自己的员工是会思考的，也是有能力改进自己工作的。就说一线工人吧，虽然他们受教育程度差一点，但是这并不说明他们就很愚笨。只要给他们一些正确的思想和实务上指点，他们就会自己想出一些好方法，为企业创造经济利益。在我以前的培训经历中，我就遇到过不少这样的例子。有一次，我跟一个企业的工人说，你们在调整机器设备的时候要尽量少停机，这样机器设备的使用效率就可以提高。其实我也没告诉他们什么具体的方法。但是过了不久，这个工厂的主管告诉我有一名工人改进了调整机器设备的方法，使停机时间缩短了好几倍。

（三）让员工用"心"工作

激励员工的最高境界就是让员工用"心"工作，它的核心特征就是员工能主动和自觉地去做好自己的工作。让员工用心工作的主要动因是员工对企业有强烈的归属感，通俗地讲就是员工把企业当家一样。"二战"之后的很多日本企业和1949年新中国成立后的很多国营企业都曾出现过这样的状态。不同的是，这种状态在日本存在了几十年，导致了日本制造业的强盛，创造了日本的经济奇迹；但是这种状态在中国却只存在了10年左右，被毁于"文革"，在今天的我国企业中已经不多见了。

用"心"工作可以体现在以下的几个方面：

• 工作不需要管理层监督。用心工作的员工最起码不需要自己的主管整天盯着自己，才能好好干活。他们绝不会在上班时间不停地聊天或刷朋友圈。

• 会做很多要求之外的事情。用心工作的员工会尽可能提前完成工作任务，并会主动去做"额外"的事情，有时候这些额外的工作并不是自己分内的事情。

- 主动地用"脑"工作。用心的员工会积极地预防问题的发生，不断地改进自己的工作水平，甚至创造性地工作。

- 工作时总是保持心情愉快。用心工作的员工不会把工作看成是负担和折磨，相反他们把工作看成是一种乐趣。

- 能倾听他人的需求。用心工作的员工不会以自我为中心，而是愿意倾听和满足顾客或同事的需求。

现代服务业的发展和知识型劳动者岗位（如编程员）的增加让西方国家的企业更加认识到让员工用"心"工作的重要性。这里面的驱动力前文曾经阐述过，这里再归纳一下，主要有以下几点：

- 服务业和知识型员工比制造业的一线员工更加难监督。

- 服务业和知识型员工的工作环境更加多变，更依赖他们做出决定。

- 服务业员工与顾客有更多的互动。

因此，不管是为了让顾客更满意，还是为了减少管理成本，让员工去积极主动地工作，保持愉快的心情，并努力响应顾客的需求都应该是一个明智的企业领导者追求的目标。

与让员工用"脑"思考一样，企业领导人也要相信员工是完全是可以用"心"工作的，不管他/她是管理者、知识工作者，还是一线的工人或服务员。与让员工用"脑"思考一样，员工是否用"心"工作所产生的结果差别很大。

美国有个超市要求每个员工都要想办法让上门的顾客有不一样的购物体验。有个负责给顾客打包的员工就想自己这个岗位怎么样可以让顾客开心呢？他突然想到自己平时爱收集锦言妙句，在自己的电脑里已经收集了几百条这样的话。于是他就把这些锦言妙句打印出来，每当给顾客打完包后，就在包上贴上一句这样的话，然后说一句：祝你今天心情愉快！有一天超市的主管发现有一条等待打包的队伍要比其他的队伍长不少，便上去询问原因，才发现原来顾客情愿多排会儿队也要找这位员工打包。

二、谈谈激励理论

西方国家的学者和企业管理者对员工激励问题作了大量的研究，形成了很多著名的理论。这方面的研究最早始于19世纪末到20世纪初的美国。这个时候美国的制造业已经相当发达，但由于工人劳动强度大，工作环境恶劣，收入水平低等原因，因而导致了普遍的怠工和劳资关系紧张等问题。于是，大学学者和企业管理者就开始研究一线工人的激励的问题，希望提高他们的工作效率，并同时增加他们的工资收入。其中最著名的实践就是泰勒的"科学管理法"和西部电器公司的"霍桑实验"。这两个实践所产生的效果和结论对以后的管理理论和实践的发展产生了深远的影响。

令人遗憾的是我国的学者和企业管理者在这个领域几乎没有什么重大贡献。其实，我国企业目前也普遍存在技术工人短缺、员工流失率高，"90后"员工难管理的问题。但是到目前为止，也没看到有什么学者和企业在这方面做实例研究，并产生一些有说服力的理论和方法，我们所看到的仅仅是无力的呼吁和空泛的说教。

（一）科学管理法

科学管理法是在企业管理理论中具有里程碑意义的思想和实践。这个理论的提出者并不是那个名校的名教授，而是一个曾在一家钢铁厂当工头，后来成为一名管理咨询师的美国人（现在被公认为是美国著名管理学家），他的名字叫弗雷德里克·温斯洛·泰勒。

泰勒相信如果工人的操作方法更加合理的话，那么工人的生产效率一定会提高。由于泰勒的工头身份，因此他就可以拿着秒表，在现场测量每个任务的完成时间，并研究工人的操作动作与完成时间上的关系，然后通过改变操作方式来减少完成时间。比如，泰勒通过改变铁锹的负载、形状、规格、材料和使用方法，使每个工人每天的平均搬运量从原来的 16 吨提高到 59 吨；工人每日的工资从 1.15 美元提高到 1.88 美元；每吨的搬运费从 7.5 美分降到 3.3 美分。

为了进一步提高工人的工作积极性，泰勒提出了"差别工资制"的报酬方案，其操作方法如下：如某项工作的定额是 10 件产品，每完成 1 件给 0.1 元。完成定额的工资率为 125%，未完成定额的工资率为 80%。那么，如果完成定额，就可得工资 1.25 元（$10 \times 0.1 \times 125\%$）；如未完成定额（如 9 件），则只能得工资 0.72 元（$9 \times 0.1 \times 80\%$）。

科学管理法的核心思想首先在于转变劳资双方的观念——从一种只强调利益分配的博弈关系，转变为更加关注利益创造，追求双方共赢的合作关系。科学管理法的优点在于它不是某个教授在办公室里凭空想出来的理论，而是在生产现场通过实验和研究而得出的真知灼见。这也就是为什么科学管理法在美国和欧洲大受欢迎，并至今仍然发挥着巨大作用的根本原因。

很遗憾的是，我国绝大部分企业没有经历过科学管理法的洗礼。其中的原因也比较简单——从科学管理法诞生一直到 20 世纪 80 年代，我国基本上处于动荡状态，企业根本无暇学习西方先进的管理理论和实践。等到我们改革开放了，想正儿八经地学习西方的管理理论和实践时，科学管理法已经七八十岁了。这时候我们所看到的是更加发展的管理理论和实践，谁会愿意去学习七八十年以前就有的东西呢？当然是学最新、最时髦的东西了！但问题是西方的管理思想和实践是逐渐发展和传承的，西方企业也是一步步走过来的。我国的企业没有前面七八十年的过渡和积累，一下子跨到最新的管理思想和实践。这就好比一个人连小学还没有上完，就直接上高中甚至大学，自然无法理解其中的道理和精髓。老实说，我国现在很多民营企业的管理理念和水平与 100 年前的美国企业相仿。比如，还在靠压榨工人或欺骗顾客的手段来赚钱；还没有树立标准化的思想等。因此，我国的企业管理者很有必要补上科学管理法这一课。

（二）X、Y 和 Z 理论

XY 理论是由道格拉斯·麦克里戈在 20 世纪 50 年代末提出的，而 Z 理论是由威廉·大内在 1981 年提出来的。这是两个在不同时空产生的，但又有一定内在联系的理论，这就是为什么从名字看像是一个人提出来的理论。

XY 理论像是一个"性本恶"还是"性本善"的辩论，而 Z 理论则体现了一种"中庸之道"。

X 理论的基本内容是：

- 多数人天生是懒惰的，他们都尽可能逃避工作。

- 多数人都没有雄心大志，不愿负任何责任，而心甘情愿受别人的指导。

- 多数人的个人目标都是与组织的目标相矛盾的，必须用强制、惩罚的办法，才能迫使他们为实现组织目标而工作。

- 多数人干工作都是为了满足基本的生理需要和安全需要，因此，只有金钱和地位才能鼓励他们努力工作。

- 人大致可以分为两类，多数人都是符合于上述设想的人，另一类是能够自己鼓励自己、能够克制感情冲动的人，这些人应负起管理的责任。

Y 理论的基本内容是：

- 一般人都是勤奋的，如果环境条件有利，工作如同游戏或休息一般自然。

- 控制和惩罚不是实现组织目标的唯一方法，人们在执行任务中能够自我指导和自我控制。

- 在正常情况下，一般人不仅会接受责任，而且会主动寻求责任。

- 在人群中广泛存在着高度的想象力、智谋和解决组织中问题的创造性。

- 在现代工业条件下，一般人的潜力只利用了一部分。

Z 理论的基本内容是：

- 畅通的管理体制。管理体制应保证下情充分上达；应让职工参与决策，及时反馈信息。特别是在制定重大决策时，应鼓励第一线的职工提出建议，然后再由上级集中判断。

- 基层管理者享有充分的权利。基层管理者对基层问题要有充分的处理权，还要有能力协调职工们的思想和见解，发挥大家的积极性，开动脑筋制定出集体的建议方案。

- 中层曾理者起到承上启下的作用。中层管理者要起到统一思想的作用，统一向上报告有关情况，提出自己的建议。

● 长期雇用职工。企业要长期雇用职工，使工人增加安全感和责任心，与企业共荣辱、同命运。

● 关心员工的福利。管理者要处处关心职工的福利，设法让职工们心情舒畅，造成上下级关系融洽、亲密无间的局面。

● 创造生动的工作环境。管理者不能仅仅关心生产任务，还必须设法让工人们感到工作不枯燥、不单调。

● 重视员工的培训。要重视职工的培训工作，注意多方面培养他们的实际能力。

● 职工的考核。考核职工的表现不能过窄，应当全面评定职工各方面的表现，长期坚持下去，作为晋级的依据。

从以上对 X、Y 和 Z 理论的描述，我们可以发现：X 和 Y 理论其实是对人性的基本假设，而 Z 理论则是建立在 Y 理论下的管理模式。

其实，我们每个人在 X 理论和 Y 理论中都可以找到自己的影子，只不过多一点或少一点而已。但对企业领导人来说，重要的不是知道人具有这种两面性，而是应该如何更好地顺应人性的特点，为企业创造价值。现代企业管理实践已经证明相信 Y 理论，并依据此理论而建立起来的管理体系会使企业产生更强大的竞争力，并赚取更多的利润。

（三）其他激励理论

激励理论还真不少，并且从人际关系、需求和行为方式等多个角度来进行研究。以下简单介绍几个比较经典的激励理论。

● 马斯洛的需求层次理论。这个理论是由心理学家亚伯拉罕·马斯洛在 20 世纪 40 年代提出的。这个理论定义了 5 种需求：生理需求（适当的工资、干净和舒适的工作环境等）、安全需求（保险及健康福利、安全的设备、不被裁员的保证等）、社交需求（被同事、客户及其他团体成员所接受）、尊重需求（工作被认可、更高的地位和更大的责任）以及自我实现需求（持续的培训与新挑战）。马斯洛的观点是人们都是从低（生理需求）到高（自我实现需求）依次满足这些需求，当满足了低层次的需求时，就会追求更高层次的需求。

● 赫茨伯格的双重结构激励理论。这个理论又称为双因素理论。它把员工满意和不满意的因素分为两类：保健因素和激励因素。保健因素指的是工作条件、人际关系、工资水平和工作安全等因素。如果这些因素没有做好的话，员工会不满意；但是如果做好的话，只是没有不满意而已，不会产生满意，也就是说对员工并没有激励作用。而激励因素指的是成就感、被认可、工作本身的乐趣与责任，以及进步与成长等。如果这些因素没有做好的话，员工并不会不满意，但是如果做好的话，员工会满意，也就是说对员工有激励作用。

● 强化理论。这个理论认为人们的行为受到奖励（强化）及惩罚的影响。企业管理者可以通过奖励鼓励期望的行为，并通过惩罚阻止不期望的行为。强化理论的政策包括正面强化（加薪或奖金）、负面强化（不责怪员工的失败）、惩罚（罚款或批评）、杜绝（撤销奖励）。进行奖励和惩罚的安排也有四种：连续强化、定期强化、非定期强化以及固定比率或变动比率的强化。

● 目标设定理论。这个理论认为企业管理者可以通过要求员工一起参与设定具体但同时又有挑战性的目标来激励员工。目标设定理论认为一个具有激励作用的目标必须具备三个条件：①目标是具体的（如将生产成本降低5%）；②目标有一定的难度；③目标被员工所接受。

三、有效激励体系的特征

世界上优秀企业的员工激励机制可能各有不同，但是他们都有一些共同的特征。这些特征都基本符合以上所说的这些理论，当然也结合了各个国家和行业的特点。这些特征包括：

● 全体员工目标一致。
● 充分的授权。
● 鼓励员工不断学习
● 绩效衡量与奖励制度。

（一）全体员工目标一致

一个具有强大威力的组织并非在于它的人多，而在于它的成员是否团结一致。在中国共产党在与国民党斗争的 20 多年的绝大多数时间里，共产党一直处于弱势地位，但还是最终打败了国民党，建立了新中国。其中的原因已经有无数的人做了总结，这里不再赘述。最核心的一条就是共产党领导的军民都有共同的愿景：打倒旧制度，获得土地和劳动机会，从此过上幸福的生活。这种美好的共同愿景可以让大家暂时抛弃个人利益，更能忍受艰难的环境，爆发出超出想象的战斗力。通过树立愿景来提升员工的士气本应该是中国人的传统和强项，但遗憾的是我国大部分企业却并没有继承这种传统，发挥这种强项。相反，西方国家的学术界和企业界倒是将它看成是企业的制胜法宝。企业总体战略中的第一项一定是愿景描述，这已经是一种管理常识了。

当然，愿景是长远的方向，是一种可能要努力几十年才能看到的东西。因此，光有愿景是远远不够的，否则会被员工看成是一种忽悠。因此，企业还应该制定短期的目标，让员工有更加明确的方向。彼得·德鲁克的"目标管理"思想有两个要点：一是企业一定要通过设立目标，以及与目标相联系的奖励体系来激发员工的工作积极性；二是利用目标－手段链（end-mean chain）的思维方式，建立长—中—短期和高—中—基层的目标体系，这样就可以避免损害企业长期利益的短期行为，或对个别部门有利但对企业整体不利的现象发生。

当然，让员工目标一致的最重要环节还是企业领导人要创造一个让所有员工有机会改变自己命运、让自己过上好日子甚至出人头地的机会。引言中提到的秦国士兵就是在极富诱惑力的激励机制下，才变成让其他诸侯国胆寒的虎狼之师的；与之形成强烈反差的是，其他诸侯国老百姓的唯一出路就是去贵族家里混饭吃。秦国的强大让诸侯国不断地割地求和，秦国用这些土地再来奖励他的士兵，士兵则更加拼命地为国家打仗，去获得更多的土地。就是在这种良性循环下，秦国最终统一了中国。

华为是目前最具全球竞争力的中国企业，他的销售收入很快就会超过爱立信，成为全球通信设备行业的老大。更重要的是，华为不仅大，而且强，他在多个国家设有研发中心，其研发水平在我国具有标杆地位；它的产品已经打入欧洲、日本等几乎所有发达国家。跟华为的行业地位和竞争实力相匹配的是，其员工的平均年薪已经超过 50 万元。

西方发达国家的绝大部分企业早就摈弃了依靠压榨员工来获取利润的手段。一方面是国家法律不允许这样做；另一方面企业领导人们也逐渐认识到在市场竞争日益激烈的环境下，靠这种下三烂的手段是走不远的。如果一个企业领导者只知道为自己创造挣钱的机会，而不给普通员工创造挣钱的机会，那么这个企业一定是平庸的，并最终会被淘汰出局。相反，如果企业领导者能够让所有员工团结起来，一起去挣市场的钱，并且将挣来的钱与大家分享，那么这样的企业的员工一定会像秦国的士兵一样让竞争对手望而生畏。

（二）充分的授权

一个企业的竞争力还来自于它能否尽快地做出决策，并采取行动，以满足市场的需求。这包括：

- 迅速响应顾客的需求，如马上办理顾客退货或赔偿顾客损失。
- 尽早地推出新产品。
- 及时解决经营环节出现的各种问题。
- 尽快地处理各种危机事件等，如安全事故等。

决策和行动的拖延会让企业失去顾客、增加成本，以及挫伤员工的士气，损失不可谓不大。而造成决策和行动拖延的一个核心原因是决策权力的过度集中。

西方发达国家的学术界和企业界现在基本上接受了分权式或者全员参与式的管理思想和方式，实施更加扁平化的组织架构，让基层管理者甚至普通员工都有参与决策的权力。这种管理思想和方式顺应了顾客偏好和科技水平等因素快速变化的市场环境；同时员工自主意识和受教育程度的提高也使他们更有能力和意愿参与企业决策。

比较全面和彻底的员工参与式管理发生在战后的日本企业中。爱德华·戴明为日本企业带去了全新的质量管理理念，其中的核心思想之一就是全员参与。日本的传统文化思想也很能接受这种理念。因此，在日本企业中形成了很多叫"质量圈"（quality cycle）的自我管理小组。他们可以自主地去发现质量问题，并提出和实施相应的改进措施。日本企业的质量管理理念是将废品扼杀在萌芽状态，这样废品所造成的损失可以降到最低。为了做到这点，一线的工人都有权拒绝废品，而且任何人一旦发现有废品产生，都有权让生产线停下，以便查找问题的原因。这种实践大大提升了质量水平，降低了生产成本，使日本产品具有很强的全球竞争力。

美国企业对员工的授权，刚开始的时候主要体现在让各个层面上的管理者承担一定范围的责任，并拥有一定的决策权。而对一线的工人基本没有什么授权。造成这种情况的主要原因是美国人相信精英式管理，只要少数聪明人做决策，大多数人跟着执行就行了。

但是随着市场竞争的日趋激烈、服务业的逐渐兴起，以及日本企业的日益强大，美国企业也逐渐认识到授权必须要向一线员工延伸。目前，美国服务性行业和高科技行业中的企业在授权上都做得比较充分。比如，美国百货商场的一个售货员可以在 5 000 美元的范围内自由行处置顾客的退货、换货甚至赔偿要求的权力。因此，美国的销售者真是有做"上帝"的感觉。

授权的关键是让各级员工有权动用公司资源，为企业创造价值和解决各种问题。我国企业领导者往往会在这件事上存在心理障碍，他们所担心的无非是自己的员工觉悟低、能力差，会滥用这种权力。优秀企业的实践证明，这种担心是没有必要的。给予员工权力并不是孤立的，它是与员工的责任、奖励以及监督制度等要素紧密结合的。在这种情况下，员工滥用权力的机会和动机都是微乎其微的。企业领导者如果驾驭不了这种情况，那就是自己觉悟低、能力差了。因此，还在相信和实践"老板一支笔"的企业领导人，如果真心想要企业能够发展和有竞争力的话，请务必改变思维方式，运用目标管理和预算管理的思想和方法建立起完善的授权体系，并进一步建立以一线员工为主体的自我管理小组。这样，整个企业才能充满活力，而企业领导者也能将更多的时间用于思考企业的未来。

（三）鼓励员工不断学习

但凡有成就的人都有平时坚持学习的习惯，而有成就的企业都能鼓励自己的员工不断学习。持续学习已经成为企业应对多变且更具挑战性的外部环境，使自己长盛不衰的制胜法宝。像美国 3M 公司那样让员工自由地发明新产品；或像丰田汽车那样支持员工持续减少浪费；或像海尔那样要求员工日事日毕，日清日高。这些企业都是鼓励员工不断学习的典范。

我见过很多民企的或国企的老总自己满世界上课——EMBA、总裁班以及各式各样的讲座或培训班，讲师越大腕越好。与此形成鲜明反差的是，他们却舍不得拿钱出来培训自己的员工。我国的古代君王相信"一言兴邦"，老百姓相信"一药治百病"，而企业领导人相信凭着自己所听到的管理大师的"真知灼见"就能改变企业的命运。古今中外的事实证明，这种想法是幼稚和有害的。

国人善于读书，却不善于学习。这两者的区别在于读书是将知识灌进自己的脑子里，也不管将来有没有用，其目的就是为了应付当前的考试。而学习则是通过训练来改变自己的行为和做事的成效。企业员工的学习指的是后者。因此，企业管理者不能把员工学习仅仅理解为培训，而把培训又仅仅理解为听听课。

员工学习应该是一个循序渐进，动静结合的过程。学习的方式也是可以多种多样的——自学、培训课程，以及学习他人的经验都可以。还有一个非常重要的学习过程就是前文提到过的 PDCA 循环，也就是员工不断改善业务流程和工作方法的过程。图 5-1 显示了员工学习的三个阶段。

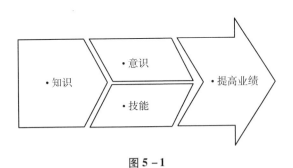

图 5-1

● 知识阶段。员工通过各种方式掌握与自己工作相关的概念、理论和方法等。在学习的过程中，不能仅仅是听讲，谈论和练习也是非常重要的环节，它们能帮助学员更加正确和深入地理解知识，并且能够更加长久地记住所学的知识。

- 意识和技能阶段。学习知识的一个作用就是增强员工的意识。所谓意识就是员工对工作中所发生的各种现象变得更加敏感，更能辨别工作成果的优劣，并发现存在的问题。学习知识的另一个作用就是提升员工的技能。所谓技能则是员工有能力更快、更好地做好手上的工作，并解决遇到的各种问题。但是知识并不能自动地变成技能。这个世界上没有那种能力是光靠看看书和听听课就能拥有的，技能的提高需要在工作中不断地练习和实践。

- 提高业绩阶段。这是学习过程的最后阶段，也是员工学习所要达到的最终结果。没有这个阶段，学习就是个形式，反而变成了一种浪费。提高业绩阶段是个最有挑战性的阶段。中国式教育强调的死记硬背，缺乏目标性；国人喜欢搞形式主义，而且动不动就说别人的经验不适合自己的情况。这些因素造成我国企业管理者往往割裂学习与工作的关系，阻碍将所学的知识转换成工作成果。这是"钱学森之问"的根本原因，也是我国企业员工培训效果不佳的根本原因。因此，企业管理者和普通员工都要先改变自己的思维模式。新的思维模式包含两个要素：一是将学习和工作统一起来，将员工行为和工作结果的改善作为衡量员工学习进展的唯一标准。二是既不要相信"一言兴邦"；也不要强调自己的"实际情况"。在这点上，我很赞同海尔的做法：他们非常愿意学习当前最先进的管理理论和方法。但同时，他们又能用自己的话去表述这些管理理论和方法，并创造出自己的一套理论和方法。

就像一个有责任心的家长要为自己的孩子创造良好的学习条件，一个有责任心的企业领导人也要为自己的员工创造良好的学习条件。除了提供足够的培训费用之外，企业领导者要鼓励员工去改善和创新。这意味着要给员工一定的经费和时间去做各种尝试，并要允许员工犯错误，好的经验要尽快在企业中推广。

（四）绩效衡量与奖惩制度

绩效以及相关奖惩措施的设计对企业员工的行为具有最直接的影响。引文中所提到的秦国士兵与其他六国的士兵在身体条件上并没有什么区别，但是就是"一头一爵"的激励制度使秦国士兵爆发出巨大的战斗力。同样，不同企业中的员工素质也没有什么本质上的差别，但就是奖惩制度的不同导致不同的员工士气和行为。改革开放以来，大批国有企业就是由于缺乏奖惩制度而死气层层，最终关门大吉，而大部分的外资企业和民营企业则由于具备一定的奖惩制度而显得更有活力。

在绩效衡量和奖惩制度的设计上可以有不同的策略和方法，但目前西方管理思想普遍认为，一个优秀企业的绩效和奖惩制度应该符合以下的特征：

- 财务与非财务绩效结合。前文的"平衡计分卡"曾经阐述过这个问题。
- 同时针对管理层和普通员工。
- 奖励为主、惩罚为辅。少量而持续的奖励为主，重大的奖励为辅。

以美国为代表的企业重视对管理层的激励，管理者的业绩压力和奖惩措施都比较重。衡量的绩效更倾向于财务指标，而且薪酬常常跟股票价格挂钩。这种制度的优点是对管理精英有很强的刺激作用，促使他们更愿意承担风险，不甘平庸而追求创新。这就是为什么美国有那么多世界知名的大公司，而且产生了那么多创新产品和行业。但是这种制度的缺点是管理层更加注重短期目标和行为，忽视长期目标和风险控制，而且更容易产生操纵财务报表的行为。

以日本为代表的企业重视对全体员工的激励。管理层的业绩压力和奖惩措施都比较轻。衡量的绩效更倾向于顾客满意、提高质量和减少浪费等非财务性指标，而且薪酬基本上不跟股票价格挂钩。这种制度的优点是促使全体员工追求长期持续的企业竞争力，企业的经营风险得到较好的控制。但是这种制度容易让管理层安于现状，创新不足。

我国的企业领导者可以借鉴美国和日本的激励制度，并结合企业自身的情况，循序渐进地设计有效的激励机制。但是，企业领导人不应该以所谓"国情"为借口，在企业激励制度的变革上迟疑不决，否则迟早会被淘汰出局。虽然每个国家和企业的情况不一样，但是在很多理念和实践上已经取得一致的看法，我国的企业完全可以采纳，并取得良好的效果。因此，以下的几个做法是我国的企业领导人需要改变的。

- 用惩罚去解决员工的问题。惩罚员工看上去省事还省钱，其实很不明智，古今中外皆如此。但遗憾的是，还有很多企业领导人抱着这种落后的观念不放。有一个民营企业的产品废品率一直保持在 5% 左右。有一天企业老板要求将废品率降到 3%，否则就扣员工的薪水。结果 3% 的废品率很快就达到了。老板大喜，自以为得计。但没多久，客户纷纷反映交付的产品中有废品，要求索赔。老板大惊，调查之后发现废品率并没有降低，只不过以前工人发现废品会将它放在一边，而现在工人为了避免被罚款，将超过 3% 的废品混入好产品中。这个世界上谁比谁傻呢！

• 奖励措施只停留在概念层面上或含混不清。我们的企业管理者喜欢制定空洞的管理措施，在激励制度方面更是如此。事实证明，员工根本不会相信空洞的激励制度，因而不会有什么实质性的行为和结果发生。

• 只激励少数几个管理者。靠几个管理精英就能搞好企业的想法和实践是本末倒置的。很多民营企业老板认为招聘几个职业经理人就能把企业搞好，后来发现并非如此。顾客价值是一线员工创造的，如果他们士气低下，得过且过，企业也就搞不出什么好产品和服务，企业的竞争力和盈利能力也就无从谈起。西方管理理论认为，企业管理者的真正价值并不在于自己能埋头苦干，而在于让自己的下属更好地干活。因此，如果没有一个针对全体员工的管理和激励制度，再优秀的管理者也将是个摆设。

四、提案制度

提案制度是一种针对普通员工的激励措施；是提升员工士气，让员工用"脑"和用"心"工作的好方法。它在日本企业里被称为"功夫提案"，在中国称为合理化建议。应该说，提案制度在日本最为流行，也最为成功。

提案制度体现了前面所提到过的所有激励理论和实践。这里先做个简单归纳。

• 将企业的愿景、战略目标、财务指标与员工日常工作的目标紧密地联系起来。

● 企业领导者相信 Y 或 Z 理论，采用全员参与的管理模式，给员工充分的授权。

● 鼓励员工充分利用心、脑和手来工作，自觉地、不断地去改善产品质量和工作效率。

● 针对全体员工的激励制度，大张旗鼓地认可员工对企业的贡献，让他们产生自豪感。

● 温和而持久的奖励措施。

提案制度是一种深入人心的企业文化和习以为常的生活方式。因此，虽然这种制度看上去简单易行，但是真正实施起来却并不容易，很容易半途而废、无疾而终。失败的主要原因是企业领导人缺乏承诺，大家对这种制度的一知半解，以及实施的措施不当。

企业要成功地实施这种制度，企业领导者必须坚信这样做的经济收益一定大于其成本，这样他们就能勇于排除阻碍这种制度实施的势力。令人遗憾的是一般的企业领导人很难做到。

（一）什么才是合格的提案

提案就是普通员工提出的改善设备、工具、操作方法、业务流程等实际工作的建议。提案的关键点就是它绝不能是一个大道理、一个理论或一个策略性的东西。它必须是具体的、细节的、技术性的东西（见所附的提案确认书案例）。如果把提案写下来的话，有一页纸也就足够了。说话"假""大""空"是国人的一大通病，因此企业管理者一定要引导员工写言之有物的提案，当然企业管理者首先自己要言之有物。员工可以先实施提案中的内容，看到实际效果后再写提案；当然也可以写了提案之后再去实施。但不管怎样，提案的内容是一定要实施的。否则就毫无意义。

提案的主要内容至少包含三个部分。

● 第一部分是对现存问题的阐述，如质量、成本、交货期、客户服务等提案人认为需要进一步改进的地方。这个问题点越小越好，越大就会越空泛。问题的描述必须有具体的数据衡量和统计，能配上示意图或表格就更好了。

● 第二部分是改进的方案，应该具体地描述改进的原理、方法、工具、时间等。当然这里最好也能配上示意图或表格。

● 第三部分是提案人对改进措施之后的结果进行预测，这不仅要包含技术上指标的预测，更要包含财务收益和成本的预测。如果提案人在写提案之前就能将改进措施做实验，那么其改进措施就能更有说服力，其预测的结果就能更加准确。

（二）如何推进提案制度

比起上面所述的提案技术问题，提案制度的推动问题就更值得探讨了。我们先看看以下的这个案例。

某生产和销售工业空调系统的公司面临销售额稳定增长，但利润却停滞不前的问题。企业管理层和员工都相信主要原因是生产效率不高，成本控制松懈。为了更好地解决这些问题，副总裁兼生产经理决定让员工参与提供建议。他发了一份备忘录给所有生产线的员工。

日期：20××年××月××日

致：生产线员工和职员

自：×××副总裁兼生产经理

为了改善我们的生产效率，降低成本，希望大家一起参与献计献策。我们将建立一个建议箱系统，任何人可以将自己的建议投入到建议箱中。我们将从节约的成本中拿出一部分来奖励提供建议并被采纳的员工。

但是，建议箱设了整整1年，却只受到三个像样的建议，只有一个对生产效率有可衡量的结果。其他的建议大都是发牢骚或为自己争取利益。这让这位副总裁对结果非常失望和恼火。

中外企业都有设立建议箱，让员工将自己的建议投入其中的做法。但是就像以上的案例那样，这样做几乎是不可能成功的。在一个原本没有这种文化的企业里，员工是不会主动提出自己的建议的。因此，日本企业在实施提案制定的时候是要求每个层面的每个主管都能鼓励下级员工写提案，并请自向下级员工收集提案。这样做的道理非常简单：如果管理层都不能积极行动起来，普通员工又怎么可能积极地去做呢？

第二个问题是企业总是将奖励措施写的含糊其辞，给人一种看情况再说的感觉。这又是提案制度的一个大忌。在这件事情上我们要学一个古人，那就是商鞅。他在推行变法之前先做了一件事情，那就是在咸阳城的南门竖立一根木桩，然后告示城内百姓：谁将木桩扛到北门就赏 10 两银子。当时全城老百姓都来看热闹，但都觉得这事有点不可信：扛一根木桩，走这么点路，怎么能有这么多奖赏？因此没人敢上去接招。商鞅一看没人响应，就将赏金不断加码，最后达到了 50 两银子，全城的气氛简直要沸腾了。这时，终于有个壮男憋不住了，大声说道：我来试试吧！不就是扛根木头吗？就算白扛一回也没多大损失啊。于是，他就上前扛起木桩向北门走去。到了北门，商鞅亲自为他发了赏银。

因此，企业完全可以先找几个有贡献的普通员工进行大张旗鼓地奖励。实在找不到这样的员工则可以先进行悬赏，比如让员工去解决一个常见的质量问题或机器故障问题，技术上不能要求太高。然后写明奖励的具体金额。一旦有员工解决了这个问题，企业领导者就要召开大会，亲自将奖金发给员工。企业领导者这样去做的话，员工的情绪一定会给调动起来，这时再公布提案制度，整个推进工作就能比较顺利地进行。

（三）提案制度的奖励方案

提案制度的奖励措施必须事先做出明确而具体的规定，而且兑现奖励的流程越简单越好。奖励的原则是面要宽，频度要密，尺度要松；奖励应该分为多个层级，但最高奖励金额不要太高。除了金钱之外，还应该有表扬、提升、示范等多种奖励形式。提案制度的奖励方案可以按照以下的原则来进行设计。

• 提案制度的关键就是要千方百计地鼓励大家动手写提案。一旦写了就说明大家开始用"脑"和"心"开始工作了。而要做到这一点，除了前文提到的企业管理者要亲自督促员工写提案，在奖励上可以这样规定：员工只要交了提案，并且写满规定的字数，不管其内容如何，就立即奖励 10 ~ 20 元。

171

● 收到提案之后，管理层要对员工的提案进行初步审核。只要提案满足前文所提到的要求，而不管提案是否能实施或实施的效果怎么样，就再奖励提案人 50 ~ 100 元。

● 接下来，员工就要实施提案中改进措施，企业管理者要提供必要的支持，主要是时间和经费。

● 最后，企业管理者要对提案实施的结果进行评估，并对提案人以及参与改进的员工做最后的奖励。可以按提案贡献的大小设立特等奖和一、二、三等奖，并针对每个奖项设立不同的奖励金额。表 5 - 1 是提案制度中奖励措施的汇总。

表 5 -1

奖励等级	奖励金额（元）	要求
参与奖	10 ~ 20	提案满足字数要求
鼓励奖	50 ~ 100	提案满足内容要求
三等奖	100 ~ 1 000	效益在千元数量级
二等奖	1 000 ~ 5 000	效益在万元数量级
一等奖	5 000 ~ 10 000	效益在十万元数量级
头等奖	10 000 ~ 50 000	效益在百万元数量级

最后，企业一定要对提案制度进行大张旗鼓的宣传。传统的横幅、大小字报、传单等都可以用上。现代的聊天工具、博客、AO 系统也很给力。但是最重要的宣传是企业举办提案大赛，让员工有机会在众人面前展现自己的聪明才智。提案大赛不仅可以比提案水平，还可以让员工参与各种才艺表演。企业领导层必须亲自出席提案大赛，并为优胜者颁奖。

五、责任中心与责任会计

责任中心（responsibility center）起源于 20 世纪 30 年代的美国。那时一些大型的企业领导者已经认识到官僚式体制的弊病和快速决策的重要性。让基层管理者花上几天甚至几周，等待高层管理者做出决定后再行动，会让企业失去市场机会或导致在竞争中处于被动地位。因此，集权式（centralization）的管理制度必须向分权式（decentralization）的管理制度进行转变，这样就产生了责任中心的概念和实践。

责任中心就是让企业的每个部门的管理者甚至普通员工都拥有一定的权力，同时又为完成某个（些）目标承担责任，并且根据目标完成情况得到相应的奖励或者惩罚。责任中心已经是西方发达国家企业的普遍实践了。

（一）责任中心的类型

责任中心可以分为以下四种类型，每种类型反映了部门管理者或员工不同的责任和权利。

● 成本中心。部门管理者或员工只对各项费用负责。没有业务收入的部门或员工一般都是成本中心，如生产部、服务部等。

● 收入中心。部门管理者或员工只对收入负责，不对产品成本负责。企业销售部门是典型的收入中心。

● 利润中心。部门的管理者或员工既要对收入负责，也要对产品成本和各项费用负责，因而就是对利润负责。连锁超市的一个门店或一个小餐馆就是利润中心。

● 投资中心。这是最复杂和全面的一种责任中心。负责人不仅要对利润负责，还要对所占用的资产负责。一个大公司的分部往往是投资中心。

由于收入中心和成本中心只单方面考核收入或成本，因此会发生部门管理者不惜代价地追求销售收入或者片面地削减成本的现象，损害企业的整体利益。而利润中心则是全面地考核收入和成本，称得上"麻雀虽小，五脏俱全"，能够真正反映部门为企业所做的贡献。

曾经发生在通用电气的一个案例很说明这个问题。有一年，通用电气的一个部门的第四季度销售收入非常可观，但是净利润却几乎没有。当被问到这是怎么回事时，该部门的总经理回答说他们举行了一个销售竞赛，而且每个人都卖得很好。但是我们没有在利润上做要求！

因此，当一个成本中心或收入中心具备一定条件时，企业领导者应该将他们升格为利润中心。比如，美国阿拉斯加的赌博公司，以前它们自己的宾馆和餐厅的绝大部分客人都是赌场那边安排过来的，宾馆和餐厅只要负责接待，然后再找赌场结算。也就是说宾馆和餐厅都被作为成本中心。但是后来随着市场环境发生了变化，宾馆和餐厅自己产生的销售收入占整个公司销售收入的比重越来越多大时。那些赌博公司的领导层为了更好地激励宾馆和餐厅的管理者和员工，就把宾馆和餐厅升格为利润中心。

海尔正在进行让每个员工都变成利润中心的实践，也就是把五万名海尔员工变成五万名老板，把一个"大海尔"变成五万个"小海尔"。这种管理模式打破了管理者和被管理者的界限，突出了员工的主动性。通过资源分配，让员工拥有资源，成为企业的真正主人，把经营的空间和决策的权利都交给了员工自己。

具体的做法就是每个海尔员工都有一张自己的"财务报表"，称为"经营效果兑现表"，在这张表上有经营收入、经营成本及费用、经营效果以及个人兑现等几十个项目。这样，一个普通的员工就变成了一个微型"公司"，而这个"公司"的经营收入或费用的增减都会与个人的收入直接挂钩。

以前每当钢板涨价，海尔的钢板采购经理只是无奈地说：没办法，钢板涨价与我无关，你们看着办吧。但是现在他只能通过各种方法降低自己的成本。以前钢板进港了，采购经理并不关心何时拉货，而现在就会赶紧联系拉货，因为晚拉一天就多一天港口费用。货拉进物流中心后，采购经理又得赶紧把钢板发出去，因为晚发一天，就要多交一天的仓储费。由于这些费用都是要算在采购经理的头上，他的责任心自觉地和显著地提高了。

某个城市的销售代表说：以前他是什么产品好卖就卖什么产品，也不管哪些产品的利润更高，反正图个轻松。现在，他不仅要把产品卖出去，还要尽量多卖利润高的产品，否则自己的收入就会原地踏步。那些新上市或档次高的家电的利润要比那些老款式家电的利润要高出好几倍。以前，公司只考核销售额，因此销售代表都不关心产品的利润，客户要什么产品就给什么产品。现在，公司考核的项目更加全面了，销售代表必须多花时间来了解不同产品，并花更多的口舌让客户进高利润的产品。

（二）责任会计

责任会计就是用管理会计报表显示每个部门的责任类型和业绩、部门之间的相互关系以及企业的整体业绩。管理会计报表在前文已经作了介绍。

在设定责任中心和实施责任会计之前，企业领导人首先要制定一个清晰的组织架构，部门的责任、权力、负责人，也要明确地定义部门与部门之间的隶属关系。这本来已经是管理常识了，似乎不应该是个问题，但还是有很多企业没有做好这件事。

以下的这个案例描述了企业如何进行责任会计。

某旅游集团拥有 X、Y、Z 三个度假村。其中 Z 度假村有以下的组织结构（见图 5－2）。它拥有两个酒店，每个酒店由基建和维修部、餐饮部、客房部和娱乐吧组成。餐饮部下设业务部、餐厅和厨房。其中酒店 Z 度假村是投资中心；A 酒店和 B 酒店是利润中心；餐饮部、客房部和娱乐部也是利润中心；业务部是收入中心；基建维修、餐厅、厨房是成本中心。

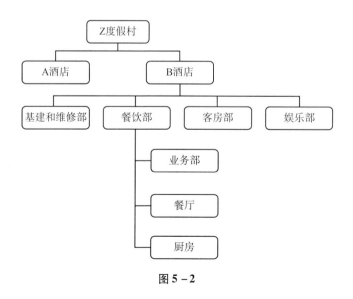

图 5－2

表5-2是该旅游集团的管理会计报告。从这个会计报告中可以看到责任会计与企业的组织结构是相吻合的，它体现了各个部门之间收入和成本的层层递进关系：

- 厨房的费用总计进入了餐饮部的成本。
- 餐饮部的利润合计进入了 B 酒店的收入。
- B 酒店的利润合计进入了 Z 度假村的收入。
- 最后 Z 度假村的利润合计进入了旅游集团的收入。

每个部门的预算收入和成本、实际收入和成本，以及差异都可以从这张表中体现出来。这个内容已经在前文中做了介绍。

表5-2　　　　　　　　　　某旅游集团201×年的业绩报告

	弹性预算	实际	差异
X 度假村	7 150	7 233	83（有利）
Y 度假村	8 140	8 121	19（不利）
Z 度假村	7 840	7 895	55（有利）
利润总计	23 130	23 249	119（有利）
Z 度假村			
A 酒店	4 030	4 101	71（有利）
B 酒店	3 810	3 794	16（不利）
利润合计	7 840	7 895	55（有利）
B 酒店			
基建和维修部	-100	-98	2（有利）
餐饮部	970	971	1（有利）
客房部	2 855	2 831	24（不利）
娱乐部	85	90	5（有利）
利润合计	3 810	3 794	16（不利）
餐饮部			
业务部	2 059	2 066	7（有利）
餐厅	-233	-231	2（有利）
厨房	-856	-864	8（不利）
利润合计	970	971	1（有利）

续表

	弹性预算	实际	差异
厨房			
食物	−600	−612	12（不利）
厨房员工工资	−85	−82	3（有利）
变动制造费用	−78	−77	1（有利）
固定制造费用	−93	−93	−
费用总计	−856	−864	8（不利）

（三）转移价格

当一个企业的利润中心或投资中心之间存在内部交易时，就会存在转移价格（transfer price）问题。由于双方都要对自己的利润负责，因此虽是一家企业的，也要"亲兄弟明算账"。企业领导人在协调买卖双方制定转移价格的"游戏规则"时要符合以下两个原则：

- 企业整体利益最大化。不能因满足某个部门利益而伤害企业整体利益。
- 对买卖双方都要公平，对双方都能起到激励作用。

根据以上的两个原则，买卖双方的转移价格可以有以下四种模式：

- 市场价格。买卖双方完全按当时产品的市场价格来进行内部交易。当买方可以轻易地在市场上买到需要的产品，同时卖方也可以轻易地在市场上出售产品时，双方就应该以市场价格来结算。这种结算模式能够符合以上的两个原则。

- 协商价格。当内部交易可以让卖方节省一定成本时，双方可以在市场价格的基础上协商一个价格。比如，一个产品的市场价格是100元，如果内部采购可以为卖方节省10%的销售提成，那么双方就可以在90~100元的区间进行协商。这种结算模式也能够符合以上的两个原则。

- 变动成本。当卖方出现严重的产能过剩时，双方应该在卖方的变动成本基础上进行结算。这样可以鼓励买方从内部采购，对企业的整体收益也是有利的。

- 完全成本。买卖双方以卖方的总成本作为转移价格的基础。由于这种方式不能激励卖方去努力降低成本，因此企业一般不要采用这种结算方式。

以上赌博公司的案例中，在旅游旺季时宾馆和餐饮的生意会很好。这时他们和赌场就要按市场价格来结算赌场安排过来的客人的费用。但是当到了旅游淡季时，宾馆和餐厅就会出现产能过剩。这时他们就应该按变动成本跟赌场那边进行结算。

这种转移价格的结算可以让买卖双方都置身于市场竞争的环境中，促进双方更努力地提高效率和降低成本。同时，它也没有否定利润中心之间相互协调与合作，追求共赢的关系。

（四）公共成本的分摊

如果两个以上的责任中心共同使用一种资源时，企业管理者就要将这个资源的成本分摊给各个责任中心，这种成本称为公共成本（common cost），也就是责任中心的间接成本。例如，几个责任中心共同使用的办公室、计算机系统，以及总部的管理费用都属于公共成本。将公共成本分摊给责任中心具有以下几个意义：

- 让责任中心管理者认识到必须承担使用公司资源的成本。
- 提醒责任中心管理者，这些成本需要用部门的贡献来弥补。
- 鼓励责任中心管理者更加有效地利用这些资源。
- 由于责任中心管理者被分摊了不能控制的公共成本，因此这会促使他们去监督能够控制这些成本的管理者。

由于公共成本是间接成本，因此在分摊时难免会存在武断的问题。但是，企业管理者还是要尽量合理地分摊公共成本，让责任中心管理者都能够接受分摊的成本，否则很容易造成责任中心管理者的不满、怨恨，甚至内部冲突。

首先，企业管理者要寻找一个恰当的成本动因来分摊公共成本。这里可以遵循两个原则：

- 最理想的状况是能够按照某种因果关系来分摊公共成本。例如，办公室租金可以根据每个责任中心所占用的工位数来分摊。
- 如果找不到明显的因果关系，那么可以利用责任中心所获益的程度来分摊公共成本。例如,一家零售连锁企业投放了一段时间的广告,由于很难为广告费用的分摊找到因果关系,因此根据门店销售收入的增加额来分摊广告费用更容易被门店管理者所接受。

其次,企业管理者要决定是按预算消耗的成本动因来分摊公共成本,还是按实际消耗的成本动因来分摊。这里可以遵循以下的原则:

● 如果公共成本在使用过程中是固定不变的,那么它应该按预算成本动因来分摊。例如,几个责任中心使用公司统一租赁的办公室,办公室的租金应该按预算员工人数分配给这几个责任中心。这样做的合理性在于,公司是根据各个责任中心所预算的员工人数来确定租用多大的办公室。办公室一旦租下,其租金不会再随实际人数的变化而变化。这样就可以促进责任中心管理者更加负责任地估计和控制自己部门的员工人数。

● 如果公共成本在使用过程中是变动的,那么就应该按实际成本动因来分摊。例如公司分摊纸张、文具等的公共成本时应该根据实际消耗量来分摊。

最后,企业管理者可以用以下两种分配方法来分摊公共成本。

独立分配法(stand-alone method)假设责任中心之间是平等的,没有主次之分。这种方法直接根据不同责任中心所消耗的成本动因比例来分配公共成本。例如,一个内部培训师给 A、B 两个工厂的员工做培训。培训师的工资是每年 15 万元,差旅费是每年 3 万元,总成本是 18 万元。对于培训师来说,培训天数是最恰当的成本动因。如果该培训师在 A、B 两个工厂的培训天数分别是 40 天和 60 天。那么 A 厂应该分配到 7.2 万元,而 B 厂应该分配到 10.8 万元。

增量分摊法(incremental method)假设责任中心之间有主次之分。在以上的这个例子中,如果内部培训师就是为新成立的 B 工厂而招聘的,也就是说如果没有 B 工厂,也就不会有这个内部培训师。现在既然有了这个培训师,也就顺带给 A 工厂的员工做培训。假如培训师只为 B 厂员工做培训的话,他的工资本来应该是每年 12 万元;但如果还要给 A 厂员工培训的话,他的工资就是每年 15 万元,此外还要另增加差旅费每年 3 万元。那么 A 厂应该分配到 6 万元,而 B 厂应该分配到 12 万元。

结　束　语

我一直认为，人的大脑之中应该有一个看不见的"结构"。这个"结构"可以将我们所学的知识进行分类，否则它们只是散乱地存放在我们的大脑里，有效地利用它们会变得非常困难。打个比方，我们的思维就像大脑里的一栋大楼，而知识就像钢筋和混凝土。如果没有大楼这样的结构，钢筋和混凝土再多也无法形成我们的思维能力。

本书力图帮助您形成一个思维结构，它的价值在于当您遇到企业中的一个具体问题时，您不至于陷入思维混乱，而是有能力用正确的方式进行思考。比如，您能识别这是一个会计问题（向后看思维），还是一个决策问题（向前看思维），然后用正确的思维方式去解决问题。我的另一个观点是，思维能力需要不断的磨炼。脑科学研究证明，如果我们经常通过刻意的思维训练来激发某几个神经元，那么最终这几个神经元会连在一起，成为一种脑结构（大脑里还真有结构）。

因此，我希望您读了本书之后不要将它束之高阁，而是把它作为一本工具书，放在您的案头之上，随时可以翻阅一下。最后，如果您有任何问题，请随时联系我，我愿意与您探讨！

参 考 文 献

［1］美国管理会计师协会. 财务报告、规划、绩效与控制［M］. 舒新国，赵澄，译. 经济科学出版社，2015.

［2］美国管理会计师协会. 财务决策［M］. 舒新国，赵澄，译. 经济科学出版社，2015.